DIVE!

LYDA BORELLI • FRANCESCA BERTINI

Cura editoriale: Paola Cristalli
Progetto grafico: LoStudio.it

Traduzioni dall'italiano all'inglese di Tatiana Alexandra Pollard

In copertina: Gianluigi Toccafondo, elaborazione pittorica a partire da un fotogramma di *Rapsodia satanica*

Fondazione Cineteca di Bologna
Presidente: Marco Bellocchio
Direttore: Gian Luca Farinelli
Consiglio di amministrazione: Marco Bellocchio, Valerio De Paolis, Alina Marazzi

La Fondazione Cineteca di Bologna è sostenuta da:
Comune di Bologna, Regione Emilia-Romagna e Ministero dei Beni
e delle Attività Culturali e del Turismo

© 2018 Edizioni Cineteca di Bologna
via Riva di Reno 72
40122 Bologna
www.cinetecadibologna.it

INDICE / CONTENTS

Introduzione, *Gian Luca Farinelli* — 5
Foreword, *Gian Luca Farinelli* — 7

Lyda Borelli, *Vittorio Martinelli* — 9, 15
Francesca Bertini, *Vittorio Martinelli* — 12, 18

MA L'AMOR MIO NON MUORE!
Ma l'amor mio non muore! o nascita della diva, *Mariann Lewinsky* — 23
Lyda Borelli dalla scena allo schermo, *Ivo Blom* — 25
Love Everlasting, or a Diva is Born, *Mariann Lewinsky* — 29
Lyda Borelli from Stage to Screen, *Ivo Blom* — 31

SANGUE BLEU
La dama con l'ermellino, *Michele Canosa* — 37
Nino Oxilia, *Giovanni Lasi* — 41
Lady with an Ermine, *Michele Canosa* — 43
Nino Oxilia, *Giovanni Lasi* — 47

ASSUNTA SPINA
Assunta Spina e l'eterna giovinezza, *Giovanni Lasi* — 51
L'anima e la veste. Apparizione d'una nuova stella, *Gerardo Guccini* — 54
Assunta Spina and Eternal Youth, *Giovanni Lasi* — 57
Soul and Fashion. A New Star Appears, *Gerardo Guccini* — 60

RAPSODIA SATANICA
Il fremito del colore, *Eric de Kuyper* — 65
La musica di Mascagni per *Rapsodia satanica*, *Timothy Brock* — 69
Pietro Mascagni alla moglie Lina — 73
The Thrill of Colour, *Eric de Kuyper* — 75
Pietro Mascagni's Score for *Rapsodia satanica*, *Timothy Brock* — 79
Pietro Mascagni to his wife, Lina — 83

Crediti / Credits — 84

INTRODUZIONE

Questo cofanetto esce in un momento particolare. Il coraggio, la sfida, l'affermazione di dignità delle donne che lavorano nel cinema sono stati probabilmente il fenomeno culturale più rilevante delle ultime stagioni. Questi eventi di oggi sembrano offrirci la giusta prospettiva per ritrovare e capire meglio, a distanza di un secolo, le formidabili figure di donne e attrici del muto italiano. In un'Italia che rotolava verso la Prima guerra mondiale e poi il fascismo, e di diritti delle donne a malapena si parlava (ancora lontanissimo da noi il suffragio universale), alcune figure femminili invasero e dominarono gli schermi, respinsero le loro controparti maschili verso i margini, divennero protagoniste assolute della cultura dell'immagine. Divine, certo, e infatti il termine *diva* nacque con loro e per loro. Ma anche così concrete e, diremmo oggi, ispirazionali nella loro forza e determinazione, da diventare immediatamente modelli, produrre schiere di emule, nella storia del costume come nella storia dello spettacolo internazionale. Erano quasi sempre eroine sofferenti, lo vedrete nei quattro magnifici film raccolti in questa edizione: l'esordio e l'apoteosi di Lyda Borelli (*Ma l'amor mio non muore!* e *Rapsodia satanica*), la consacrazione a diva mélo e a immortale eroina popolare di Francesca Bertini (*Sangue bleu* e *Assunta Spina*). Ma potevano esaltarsi o annullarsi, uccidere o essere uccise, facevano sempre della propria vita quel che loro stesse avevano deciso di fare.

Questo cofanetto è un punto d'arrivo per la Cineteca di Bologna, che dagli anni Novanta, con l'ampliamento dei fondi archivistici e la fondazione del laboratorio di restauro, ha lavorato per dare al cinema muto italiano la dignità di oggetto di studio e oggetto di piacere. Oggi, dopo tanti film ritrovati e restaurati, dopo i contributi di tanti studiosi (alcuni dei migliori li trovate nelle pagine che seguono), è più evidente la natura artistica straordinaria del cinema di quegli anni. Il muto italiano fu un autentico 'movimento' artistico – interrotto dal fatto che poi la storia vincente del cinema avrebbe preso un'altra direzione. Ma il modo più giusto di guardarlo è forse proprio come a un episodio della storia dell'arte, carico di un fascino irripetibile. Per questo, è indispensabile vederlo nel modo giusto: giusta velocità di proiezione, giusta musica, giusti colori. Ricordo l'emozione che provai quando vidi per la prima volta la copia colorata di *Rapsodia satanica*; semplicemente, non avevo mai visto prima (e non avrei visto dopo) un oggetto così colorato, in una combinazione (imbibizione, viraggio, colorazione a mano) così vibrante da produrre un effetto estetico conturbante e nuovo. Era un'opera d'arte, e a farne opera d'arte totale arrivò la musica di Pietro Mascagni, che non solo è una delle prime musiche per film appositamente composte da un grande musicista, ma si attesta tra le partiture più importanti della sua carriera.

Per tutto questo crediamo che questo cofanetto (i quattro dvd e questo libro) sia un oggetto prezioso, e lo mandiamo con fiducia e fierezza incontro al suo nuovo pubblico.

Gian Luca Farinelli

Quest'opera è dedicata alla memoria di Vittorio Martinelli, di cui qui ripubblichiamo le voci dedicate a Lyda Borelli e a Francesca Bertini apparse nel suo volume *Le dive del silenzio*, Cineteca di Bologna – Le Mani, 2001.

FOREWORD

The release of this box set comes at a particular time. Recognition of the courage, challenge and dignity of women working in film is one of the most significant cultural phenomena of recent times. Contemporary events offer us the right perspective for discovering and acknowledging the formidable actresses of Italian silent film from a century ago. At a time when Italy was headed towards World War I and later fascism, and women's rights were hardly discussed (universal suffrage would come much later), a few female figures dominated the screen, overshadowing their male counterparts. They became the stars of visual culture. They were divine, and, in fact, the term *diva* was created for them. But they were also real and, we'd say today, inspirational women. With their strength and determination, they instantly became role models and produced legions of imitators, in the history of fashion and international entertainment. They almost always played the part of suffering heroines, as you'll see in the four magnificent films of this box set: Lyda Borelli's debut and crowning moment (*Ma l'amor mio non muore!* and *Rapsodia satanica*), Francesca Bertini's transformation into a melodrama diva and into an immortal popular heroine (*Sangue bleu* and *Assunta Spina*). They could glorify or immolate themselves, they could kill or be killed, but they always lived their lives according to their own terms.

This box set is the fruit of a vast project undertaken by the Cineteca di Bologna. Ever since the 1990s, with an expanding archival collection and the foundation of a restoration laboratory, the Cineteca has worked to give Italian silent film the dimension it deserves as an object of study and of pleasure. The number of films recovered and restored and the contributions of so many scholars (the following pages include some of the finest) clearly demonstrate the extraordinary artistic nature of cinema from this period. Italian silent film was a genuine art movement – which briskly came to an end, because film history would ultimately take another direction. The best way to view them today is like an episode of art history, replete with a unique beauty. This is why watching them in the right conditions is so important: the correct projection speed, the right music and the right colours. I remember the feeling I had when I saw the colour print of *Rapsodia satanica* for the first time; I simply had never seen before (nor after) a film coloured in this way and with such a vibrant combination (tinting, toning and hand painting) as to produce a new and thrilling aesthetic effect. It was a work of art, and Pietro Mascagni's music made it a total work of art. Not only was the score one of the finest pieces written specifically for film by a great musician, but it was also one of the most important scores of Mascagni's career.

For all these reasons, we believe that this box set of four DVDs and this book is of great value, and it is with great hope and pride that we send it off to discover new audiences.

Gian Luca Farinelli

This work is dedicated to the memory of Vittorio Martinelli, whose writings about Lyda Borelli and Francesca Bertini (from *Le dive del silenzio*, Cineteca di Bologna – Le Mani, 2001) can be read in the following pages.

LYDA BORELLI

Vittorio Martinelli

"Ricordo quelle donne dal passo vacillante e convulso, le loro mani di naufraghe dell'amore che andavano accarezzando le pareti lungo i corridoi, aggrappandosi alle tende, inebriandosi al profumo dei fiori, tra ombrosi giardini e scalinate marmoree...". Così si esprime un eccellente testimone d'epoca, Salvador Dalí, a proposito delle grandi dive italiane del silenzio. E di queste silhouettes diafane e languide, frementi ed accese, fasciate in serici abiti, che incedono eteree, a piccoli passi come le musmé giapponesi, in un'atmosfera rovente e rarefatta ad un tempo, Lyda Borelli è, senz'ombra di dubbio, il più esemplare modello.

Il suo fu un passaggio da meteora: solo cinque anni di presenza sullo schermo, in tutto una dozzina di film che però hanno segnato un'epoca. Non è azzardato affermare che la sua fu una presenza magnetica: per diverso tempo si parlò di *borellismo* sia tra le molte imitatrici – e non solo in Italia – che si rifecero al suo personalissimo stile di recitazione, sia tra tante donne del suo tempo, contagiate dal carisma dell'attrice.

Lyda Borelli, nata a La Spezia il 22 marzo 1887, aveva esordito appena quindicenne in *La Veine* di Alfred Capus sui palcoscenici romani; qualche tempo dopo interpretava *La figlia di Iorio* di D'Annunzio, accanto ad autentici mostri sacri del teatro quali erano Ruggero Ruggeri, Virgilio Talli, Irma Gramatica e Oreste Calabresi. Nel 1905, diciottenne, è 'prima attrice giovane' con Eleonora Duse, nel 1907 'primadonna' con Ruggeri. Il suo repertorio spazia da lavori raffinati come la *Salomè* di Oscar Wilde ad altri decadenti come *Il ferro* di D'Annunzio, boulevardiers come *La sfumatura* di Francis de Croisset o addirittura ai vaudevilles come *La Presidentessa* di Hennequin e Veber.

Quando la Film Artistica Gloria di Torino la scrittura per *Ma l'amor mio non muore!* (1913) è già un'attrice affermata, ed in questo film, giudicato "un manifesto del vivere inimitabile e dell'inimitabile morire", la sua recitazione raggiunge un eccezionale spessore, lucidamente controllata in tutti i suoi momenti, sempre funzionale ai ritmi imposti dai racconto per immagini, dove nulla è lasciato al caso. Subito dopo, sempre al fianco dì Mario Bonnard, è in *La memoria dell'altro* (1914), ove dà vita al personaggio di un'intrepida aviatrice divisa tra l'amore di due uomini. Dopo il successo di queste due prime opere torinesi, è la Cines di Roma a farsi avanti: alla Borelli viene offerta una scrittura favolosa per portare sullo schermo tre opere di Henry Bataille. L'attrice accetta e, una dopo l'altra, interpreta *La donna nuda* (1914), *La marcia nuziale* (1915) e *La falena* (1915), dando vita sul telone bianco alle tre eroine del drammaturgo francese.

Cosa importa se qualche arcigno recensore rileva che "molte lentezze, disquisizioni, enfasi, allitterazioni intersecano le vicende, frastagliandone il contorno e la linea"? Si scomoda anche Antonio Gramsci per affermare che "l'arte della Borelli non esiste, perché l'attrice interpreta sempre e soltanto se stessa".

Sarà anche vero: perfida o candida, fatale o ingenua, era sempre lei, inconfondibile, perché portava nel sangue il vivo fascino delle sue eroine: che impersonasse l'esangue Elsa Holbein de *Ma l'amor mio non muore!* o l'intrepida *Madame Tallien* (1916), la sventurata Marina di *Malombra* (1917), la libertina Duchessa di Langeais in *La storia dei tredici* (1917) o la misteriosa principessa di *Carnevalesca* (1918), Lyda Borelli, morbida e voluttuosa, è sempre Lyda Borelli, anche se sa adeguare sguardi e gesti, corpo e anima ai ritmi e ai periodi in cui si dipanano queste arcane vicende. Uno dei suoi film più interessanti è certamente *Rapsodia satanica* (1917), liberamente ispirato al mito faustiano. Nei panni dell'anziana Alba d'Oltrevita che, in cambio della giovinezza perduta, rinuncia per sempre ad amare, l'attrice dà vita ad un personaggio torturato e doloroso; quando, non potendo mantenere il patto col diavolo, cede all'amore pur sapendo di scavarsi nel bacio dell'amante il suo sepolcro, la sua recitazione è tutta negli sguardi melanconici, nelle mani annaspanti, nei fremiti del corpo, un gioco misuratissimo di lievi sfumature, di sottili espressioni, un ghirigoro floreale. Fausto Montesanti ipotizza che nel personaggio Borelli si possono intravvedere certi sviluppi divistici che saranno tipici, ad esempio, della Garbo americana, costruita appunto sulla formula della rinuncia alla felicità e degli amori impossibili.

La breve carriera di Lyda Borelli, la quale si ritirò a vita privata dopo il matrimonio con il conte Cini nel 1918, si racchiude, come già detto, in dodici film, più due apparizioni simboliche: in *L'altro esercito* (1918), un documentario di propaganda sullo sforzo bellico, l'attrice impersonava, nel breve prologo, il personaggio di Santa Barbara, protettrice delle armi; l'anno prima, subito dopo la disfatta di Caporetto, aveva prestato la sua austera figura all'Italia turrita in un consolatorio cortometraggio intitolato *Per la vittoria e per la pace!*

FRANCESCA BERTINI

Vittorio Martinelli

Lo status di 'diva' per antonomasia del cinema italiano, il prototipo di un genere di donna che ella seppe non solo inventare, ma anche far resistere al tempo, ben al di là della sua carriera cinematografica iniziatasi e conclusasi nel breve arco di una decina d'anni, con qualche sporadica recidiva.

Questa lunghissima durata della sua notorietà, dai primi anni Dieci fino ai giorni nostri, rende il suo caso del tutto eccezionale, anche perché non è certo riferibile al solo spessore artistico e umano delle sue interpretazioni, non tali di per sé da spiegare il fenomeno. Il merito della Bertini è stato di saper gestire per tutta la sua lunga vita il proprio personaggio e la propria immagine pubblica con la stessa intelligenza, accortezza e ferrea determinazione che l'avevano portata a regnare nel firmamento cinematografico del proprio tempo, facendosi interprete attenta e sensibile agli umori ed al gusto della società italiana intorno alla prima guerra mondiale.

Nata Elena Seracini Vitiello il 5 gennaio 1888, da una famiglia della media borghesia, aveva cominciato a far pratica in teatro a Napoli; diciottenne, partecipò da comparsa alle prime rappresentazioni dell'*Assunta Spina*, il dramma che Salvatore Di Giacomo aveva scritto per la celebre attrice napoletana Adelina Magnetti. Qui venne notata dai dirigenti della Film d'Arte, la succursale italiana della francese Pathé, e nel 1910, dopo aver impersonato una seducente schiava in *Salomé*, passò immediatamente, assumendo il nome d'arte, a protagonista assoluta di una serie di film dedicati a eroine femminili, come le scespiriane Giulietta e Cordelia, Francesca da Rimini, Isotta, Bianca Capello e altre. L'esperienza alla Film d'Arte fu importante per la neo-attrice, la quale poté ben presto aggiungere alle non comuni doti fisiche (una figura asciutta e ben proporzionata, un volto mediterraneo dai lineamenti marcati, incorniciato da lunghi capelli neri e impreziosito da due splendidi occhi bruni), e a un temperamento in grado di imporsi sul set come sullo schermo, anche una professionalità ed un mestiere rapidamente acquisiti nella pratica accanto a colleghi ben più sperimentati di lei. La Bertini fiutò immediatamente la nuova direzione del vento quando le Case cinematografiche decisero di allungare il metraggio dei film; e poiché la Film d'Arte continuava ad insistere nella formula ormai invecchiata delle due bobine, l'attrice passò alla Celio, dove trovò lo spazio di cui aveva bisogno per saggiare le proprie forze nel dramma moderno e nella nuova dimensione del lungometraggio. Dopo qualche prova minore, Francesca si calò in un'esperienza decisamente nuova e controcorrente: in *Histoire d'un Pierrot* (1913) non esitò ad affrontare l'ambigua truccatura del protagonista: calottina nera, completo bianco con grandi bottoni neri, maniche a sbuffo, scarpe e calze nere dal ginocchio in su. L'attrice introdusse disinvoltamente nell'universo divistico la pratica poco frequentata del *travesti*. Nel 1914 la Bertini concludeva in bellezza la sua collaborazione con la Celio: un realizzatore di grande prestigio, Nino Oxilia, e un soggetto, a forti tinte, oltre naturalmente al virtuosismo della sua interpretazione, assicurarono un grande successo a *Sangue bleu*. Gli faceva eco, a distanza di pochi mesi, il favore di critica e di pubblico che accolse il primo film girato per la Caesar, *Nelly la gigolette*, una storia torbida e violenta, tutta tesa a valorizzare le qualità drammatiche – ma anche la presenza divistica – della protagonista. Subito dopo, ancora un'esperienza totalmente diversa, eccola interpretare, stavolta da protagonista, la versione cinematografica di *Assunta Spina* (1915). Nei panni della popolana partenopea, l'attrice si trasfigura, mostrando una grinta che la consegna direttamente alla storia del cinema. Ancora oggi, infatti, il film viene riconosciuto come il primo, significativo risultato raggiunto dal cinema italiano sulla strada del verismo, ed il punto più alto nella carriera della Bertini. Ma l'attrice è figlia dei suoi tempi, ed è pertanto naturale tornare ai personaggi tratti dalla letteratura o dal teatro borghesi, *La signora delle camelie*, *Odette*, *Tosca*, *Frou Frou*, *La piovra*, *La piccola fonte*, *La contessa Sara* e innumerevoli altri, in un susseguirsi di 'grandi interpretazioni'. Negli anni della grande guerra basterà lo striscione "stasera Bertini" perché immense folle riempiano i cinematografi. L'attrice si ritirerà nel 1921, rifiutando un contratto milionario della Fox, per sposare il banchiere svizzero Paul Cartier. E ancora, a oltre novantanni, lucida di spirito e di memoria, brillante e caustica, era capace di tener testa a incauti o irriverenti intervistatori.

"Era bellissima – scrisse di lei un cronista degli anni Sessanta – ma di bellezze come la sua ve ne erano altre in Italia. Lei seppe però rendersi unica e, presumibilmente, fece tutto da sola, d'istinto. Raccolse un grandissimo successo professionale, ma l'interpretazione perfetta la dette fuori dello schermo, divinizzandosi con rara abilità".

LYDA BORELLI

Vittorio Martinelli

"I remember those women and their swaying, uncontrollable gait, drowning in love and letting their hands caress the walls of long halls, grabbing onto curtains, getting inebriated on the scent of flowers, among shadowy gardens and marble staircases...". Those are the words of an excellent observer of the times, Salvador Dalí, regarding Italian silent film divas. And Lyda Borelli is undoubtedly the prime example of those diaphanous, languid, trembling and passionate figures wrapped in silky gowns and moving ethereally with tiny steps like Japanese mousmé in a sophisticated yet sizzling ambiance.

Her career was a flash in the pan: just five years on the screen with a total of a dozen films, which, however, marked an era. It would not be an exaggeration to say that she had a magnetic presence: for some time *borellismo* was the term used for many imitators – and not just in Italy – who copied her very personal style of acting as well as for women of the time infected by the actress's charisma.

Lyda Borelli, born in La Spezia in 1887, debuted at just fifteen on the stages of Rome in Alfred Capus's *La Veine*; some time later she performed in D'Annunzio's *La figlia di Iorio* alongside genuine theatre legends such as Ruggero Ruggeri, Virgilio Talli, Irma Gramatica and Oreste Calabresi. In 1905, at the age of eighteen, she was 'the leading young actress' with Eleonora Duse and, in 1907, leading lady with Ruggeri. Her repertoire ranged from sophisticated works like Oscar Wilde's *Salome* to decadent oeuvres like D'Annunzio's *Il ferro*, boulevardiers like Francis de Croisset's *La sfumatura* and even vaudeville plays like Hennequin and Veber's *La Presidentessa*.

When the Turin movie studio Film Artistica Gloria engaged Borelli for *Ma l'amor mio non muore!* (1913), she was already a successful actress. In this film considered "a demonstration of an inimitable life and an inimitable death", she gave an exceptionally nuanced performance, with brilliantly controlled movements that followed the pace set by moving pictures, where nothing happens by chance. Immediately afterwards, she starred again with Mario Bonnard in *La memoria dell'altro* (1914), where she plays the part of an intrepid aviator divided between the love of two men. After the success of these first two Turin films, Rome's Cines stepped into the game: they offered Borelli a fabulous contract for three works by Henry Bataille. The actress accepted, and, in succession, she starred in *La donna nuda* (1914), *La marcia nuziale* (1915) and *La falena* (1915), bringing the French playwright's three heroines to life on the screen.

Who cares if some scowling reviewer found that "much sluggishness, rambling, emphasis, and alliteration interrupt the action, giving it an uneven aspect and air"? Even Antonio Gramsci took note saying, "Borelli's art does not exist because the actress only ever plays herself".

That might not be wrong: wicked or pure, irresistible or naive, Borelli was always unmistakably herself because the intense allure of her heroines was in her blood; whether she played the languid Elsa Holbein of *Ma l'amor mio non muore!* or the intrepid *Madame Tallien* (1916), the unfortunate Marina of *Malombra* (1917), the coquettish Duchessa di Langeais in *La storia dei tredici* (1917) or the mysterious princess in *Carnevalesca* (1918), soft and sensual Lyda Borelli was always Lyda Borelli, even if she knew how to adapt her expressions, gestures, body and spirit to the rhythms and eras in which these mysterious events unfold. Undoubtedly one of her most interesting films is *Rapsodia satanica* (1917), loosely based on the legend of Faust. In the role of old Alba d'Oltrevita who gives up love for her lost youth, the actress brought a tormented character to life; when she can no longer keep her pact with the devil and yields to love, with the knowledge that her lover's kiss marks her death, she performs with melancholic gazes, grasping hands and a shivering body – a balanced interplay of fine nuances, subtle expressions, a floral flourish. Fausto Montesanti speculates that Borelli's character was a forerunner of certain diva qualities that would become characteristic, for example, of the American Garbo, built around the formula of "renouncing happiness" and "impossible love".

Retiring from the screen after her marriage to Count Cini in 1918, Lyda Borelli's short career spans, as mentioned, twelve films plus two symbolic appearances: in the brief prologue of *L'altro esercito* (1918), a war-effort propaganda documentary, the actress played Saint Barbara, patron saint of artillery; one year earlier, right after the defeat at Caporetto, she lent her austere figure to *Italia turrita* in a short consolation film titled *Per la vittoria e per la pace!*

FRANCESCA BERTINI

Vittorio Martinelli

Italian cinema's diva par excellence. Francesca Bertini not only knew how to invent herself as this female prototype but also to make it last over time, extending her status as such after her film career, which spanned only ten years with a few sporadic relapses.

The longevity of her fame, from the early 1910s to our times, makes her an exceptional case, not the least because the artistic and human depth of her acting alone does not explain this phenomenon. Bertini's strength was her ability to manage her own character and image for the duration of her long life with the same intelligence, sagacity and unwavering determination with which she reigned the film world of her times, becoming a performer who paid attention and was sensitive to the mood and taste of Italian society around the First World War.

Born Elena Seracini Vitiello in 1888, into a middle class family, Francesca started performing theatre in Naples; at eighteen she was an extra in the first performances of *Assunta Spina*, a drama written by Salvatore Di Giacomo for the famous Neapolitan actress Adelina Magnetti. She was noticed by the managers of Film d'Arte, the Italian branch of France's Pathé, and in 1910, after having played the part of a seductive slave in *Salomé*, she immediately became the star of a series of movies about heroines like Shakespeare's Juliet and Cordelia, Francesca da Rimini, Iseult, Bianca Cappello and others. Film d'Arte was an important experience for the new actress; while working with much more experienced colleagues, she quickly acquired a professionalism and craft that she could now add to her uncommon physical traits (a lean and well-proportioned figure, a Mediterranean face with pronounced lineaments, long black hair and splendid dark brown eyes) and her imposing personality on the set and the screen. Bertini immediately sensed cinema's new direction when production companies decided to make films longer; Film d'Arte continued to use the outdated two-reel formula, so the actress moved on to Celio, where she found the space for testing her abilities with modern drama and the new feature-length format. After a few minor experiments, Francesca took on a decidedly new and unconventional project: with *Histoire d'un Pierrot* (1913) she confidently donned the main character's ambiguous costume: black cap, white top and bottom with big black buttons, frilled sleeves, black shoes and socks up to her knees. The actress offhandedly made the unusual practice of appearing *en travesti* part of the diva world. In 1914, Bertini ended her work with Celio in style: a prestigious director, Nino Oxilia, a highly dramatic story, and of course the virtuosity of her performance made *Sangue bleu* bound to be a major success. Just a few months later, her first film for Caesar, *Nelly la gigolette*, won over critics and audiences with its tumultuous story crafted to show off the leading actress' dramatic qualities – as well as her star status. Immediately afterwards, the actress went on to a totally different experience starring as the lead in the film version of *Assunta Spina* (1915). In the role of the Neapolitan working-class woman, the actress transformed herself with a grit and determination that would instantly mark her place in film history. In fact, that film today is still recognized as Italian cinema's first and significant achievement in realism as well as being the apex of Bertini's career. The actress was also a creature of her times and so it was natural that she should return to characters of bourgeois literature and theatre, *La signora dalle camelie*, *Odette*, *Tosca*, *Frou Frou*, *La piovra*, *La piccola fonte*, *La contessa Sara* and many others in a series of 'great performances'. During the years of the Great War, a poster with the words "Bertini tonight" would bring crowds to cinemas. The actress retired in 1921, turning down a million-dollar contract with Fox to marry the count Paolo Cartier. At over ninety (she passed away in 1985), with a clear mind and memory, the brilliant and witty Bertini was still able to stand her ground with rash or irreverent interviewers.

"She was beautiful," wrote a reporter about her in the 1960s, "but there were plenty of other beauties like her in Italy. She, however, was able to make herself unique and presumably did it all by herself instinctively. She had earned vast success in her career, but her greatest performance was off the screen, making herself a divinity with uncommon ability".

MA L'AMOR MIO NON MUORE! O NASCITA DELLA DIVA

Mariann Lewinsky

Quasi tutti i prodotti culturali (di ogni tipo, dalla lirica alla cucina) sono collocabili su una scala di valori. A metà scala le opere medie, sopra il diadema stellato dei capolavori, sotto la fossa delle immondizie.

Per alcune – rarissime – opere, però, la classifica non funziona. Sono degli *unicum*, senza paragone possibile. Spesso mancano della perfezione dei capolavori, ma sviluppano la forza di eventi travolgenti. Travolgente fu l'impatto, nel 1913, di *Ma l'amor mio non muore!*, il primo film di Lyda Borelli.

Lyda Borelli è allora la più grande attrice teatrale italiana. La Duse ha lasciato il teatro nel 1909, a cinquant'anni. La Borelli ha alle spalle dieci anni di carriera fulminante sulle scene ed è all'apice dell'arte e della bellezza quando, nella pausa estiva tra le stagioni teatrali, interpreta il ruolo di Elsa Holbein alias Diana Cadouleur, l'eroina di *Ma l'amor mio non muore!*

Il film pone l'attrice in una situazione di sfida: non può usare la voce, il cinema essendo muto. Usa lo svantaggio per spingersi ai livelli più alti di espressività e gestualità. Vediamo un miracolo prodursi davanti ai nostri occhi: la Borelli, mostrando un controllo totale dei propri strumenti, modula e modifica di momento in momento le posture, i gesti, le espressioni del viso per trasmettere le emozioni e il destino del personaggio di Elsa Holbein.

Ma l'amor mio non muore! è considerato un *diva-film*. Possiamo considerarlo anche un documentario su come l'attrice Borelli ha saputo usare, alla prima prova e in maniera sperimentale, il cinema e la cinepresa per esplorare fino in fondo la propria arte espressiva – un documentario che ci arriva da un periodo storico nel quale la parola Arte (cinematografica) e la parola Attrice conquistano il diritto alle maiuscole.

Forse le imperfezioni rendono ancora più intensa ancora la sensazione di rischio, freschezza ed esperimento, forse la presenza di Lyda Borelli appare ancora più travolgente per il fatto che è circondata da attori con baffi vistosamente finti, rigidi nei loro costumi malstirati, e perché nel primo atto il vento del 1913 soffia tra le quinte della Gloria Film e gioca con i veli del vestito dell'attrice.

Il film ebbe un successo enorme. E resta ancora oggi unico, inclassificabile.

LYDA BORELLI DALLA SCENA ALLO SCHERMO

Ivo Blom

Prima di diventare la diva italiana per eccellenza e un prezioso punto di contatto tra *fin de siècle* e Modernismo, Lyda Borelli (1887-1959) era già un'applaudita attrice teatrale. Simbolo ed espressione della cultura liberty, doveva la sua fama a opere alla moda come *Salomè* (1909) di Oscar Wilde, alle eccentriche e trionfali esibizioni e alle creazioni di grandi stilisti quali Poiret e Fortuny. Nei primi anni Dieci la sua carriera teatrale era al culmine: aveva calcato i palcoscenici più famosi d'Italia recitando in melodrammi di Victorien Sardou, Henry Bataille, Georges Ohnet, repertorio che sarebbe presto diventato l'asse portante del cinema delle dive. La sua immagine trovò espressione nelle arti e nella cultura popolare ispirando dipinti, pastelli, disegni, sculture, fotografie artistiche ma anche manifesti, cartoline, caricature, fino a influenzare la moda e le acconciature. I pittori Cesare Tallone e Giuseppe Amisani la dipinsero vestita con i costumi di *Salomè* e *Zazà*, i fotografi Emilio Sommariva e Mario Nunes Vais la immortalarono sia in abiti di scena che in eleganti *mise* moderne.

Nel 1913, due anni dopo il ritratto di Tallone e la serie fotografica di Sommariva, Borelli debuttò al cinema. A lanciarla fu *Ma l'amor mio non muore!* (1913), scritto su misura per lei, prodotto dalla compagnia torinese Gloria Film e diretto da Mario Caserini. Storia d'amore e di spionaggio, nella seconda parte il film si avvicina al mondo della Borelli, il teatro, con richiami alle celebrate apparizioni in *Zazà* e *Salomè*. Quando scopre la vera identità del principe di cui è innamorata e capisce che il loro legame non ha futuro, la protagonista sceglie di uccidersi veramente nel finale del dramma che sta interpretando e che dovrebbe chiudersi con la morte dell'eroina. Il principe si precipita allora sul palco e la donna muore tra le sue braccia proprio come Violetta nella *Traviata*. L'attrice indossa qui la veste di *Zazà* immortalata nel quadro di Amisani e nelle foto di Sommariva: la stessa della scena d'addio ambientata nel camerino, presagio di ciò che avverrà sul palcoscenico. Lo sdoppiamento è amplificato dai tre pannelli dello specchio a figura intera di fronte al quale Borelli, in un monologo carico di emotività, si congeda non solo dall'amato ma anche da se stessa e dalla propria bellezza.

In un momento precedente del film la protagonista si esibisce nei panni di Salomè, che il pubblico dell'epoca poteva riconoscere anche grazie al memorabile costume. La macchina da presa è collocata tra le quinte, a filmare insieme all'attrice il pubblico che l'applaude e lancia fiori sul palcoscenico. Furono gli sceneggiatori o forse la stessa Borelli a insistere sulle citazioni di *Salomè* e *Zazà*, colmando il divario tra teatro e cinema con il richiamo a una tradizione iconografica condivisa. La citazione promuove il riconoscimento e la notorietà, non solo dell'interpretazione ma anche dell'immagine stessa della diva.

Se paragonato al cinema muto americano, il cinema muto italiano degli anni Dieci si basava più sulla messa in scena e sull'utilizzo della profondità dell'immagine che sul montaggio. Scelta evidente in *Ma l'amor mio non muore!* D'altro canto si potrebbe affermare che al montaggio il film ricorre di continuo, non con i tagli ma con l'impiego degli specchi. Come Evgenij Bauer, August Blom e Léonce Perret usavano lo specchio quale strumento di montaggio all'interno dell'immagine, rendendo visibile l'invisibile, anche Caserini usa lo specchio in maniera funzionale ed espressiva. Va da sé che il camerino di una grande attrice teatrale contiene uno specchio. Qui il triplice riflesso non solo rimanda l'immagine della bellezza di Lyda e ne sottolinea la componente divistica, ma agisce come una spia, per Lyda e per lo spettatore. Quando uno dei suoi corteggiatori tenta di sopraffarla, Lyda mantiene la calma e si limita a chiamare la cameriera perché accompagni alla porta l'intruso. Osserva poi la propria immagine nello specchio e naturalmente vede anche il riflesso del suo nemico che lascia la stanza e compie un gesto con la mano a significare "Tornerò. Non ti sei ancora liberata di me". Lei si limita a una scrollata di spalle.

All'inizio del film è notevole l'uso del piano sequenza. Nella casa del padre di Lyda la stanza si anima a diverse riprese, un'azione dopo l'altra: in primo piano, sullo sfondo, ai lati. Le tende aprono nuovi spazi e spostano l'attenzione sugli ambienti adiacenti al salotto centrale. La tecnica ricorda le suddivisioni dello spazio scenico di un moderno set teatrale, ma è insolita per il cinema muto delle origini. D'altro canto il film contiene espressivi primi piani che non hanno niente a che vedere con il teatro, e Borelli è una delle prime attrici a comprendere l'effetto del corpo e del volto sullo schermo. Sapeva come valorizzare le lunga dita delicate, le spalle marmoree, il collo flessuoso girato verso lo spettatore in foggia manierista, il profilo alla Beardsley, la fronte fiera e gli occhi semichiusi in un'espressione malinconica. E infine i lunghi riccioli biondi, tanto amati dalle sue ammiratrici che si tingevano i capelli per assomigliare al loro idolo. Borelli era allora l'autentico ideale delle donne italiane, che facevano di tutto per imitare il suo portamento. L'artificiosità dei gesti e delle pose, come la mano sotto il mento a esprimere malinconia o sulla fronte a mimare preoccupazione o disperazione, divenne ingrediente di uno stile di recitazione che prese il suo nome, *borellismo*. Borelli alterna grandi gesti e sottili dettagli. A volte sembra accumulare le emozioni fino a esplodere, spesso sciogliendo e gettando all'indietro i lunghi capelli. In altri momenti si rimpicciolisce, quasi fosse elastica. Ma sa anche recitare in maniera pacata, come nella scena in cui affranta ma composta scrive la lettera d'addio.

Come nei libretti d'opera, anche nel cinema delle dive gli intrecci sono un pretesto per passare da una scena madre all'altra, da un'emozione a quella successiva. Sono emozioni scritte con la maiuscola: Amore, Gelosia, Disperazione, Odio, Pentimento e Dolore. Il linguaggio (del corpo) di Lyda Borelli, i suoi gesti e le sue pose, ma anche i temi ricorrenti della Distruzione e del Sacrificio, di Eros e Thanatos, sono tutti già presenti in *Ma l'amor mio non muore!*, anche se in forma meno accentuata rispetto ai successivi *La falena*, *Malombra* e *Rapsodia satanica*. Erano tutte tematiche destinate ad assumere una sfumatura inquietante durante la Prima guerra mondiale. Per questo motivo, il cinema delle dive potrebbe essere un genere meno 'd'evasione' di quanto si ritenga.

Ma l'amor mio non muore! lanciò il cinema delle dive italiano. Il successo mondiale del film ispirò altri tredici titoli con Lyda Borelli. Interpretava spesso donne dannate e persino spettrali, come in *Rapsodia satanica* (Nino Oxilia, 1915), in cui una donna anziana stringe un patto faustiano con il Diavolo. Tra i migliori film di Borelli figurano *Fior di male* (1915) e *Malombra* (1917), entrambi diretti da Carmine Gallone. Nel 1918 la sua carriera teatrale e cinematografica terminò improvvisamente in seguito al matrimonio con il conte e imprenditore veneziano Vittorio Cini, che pare abbia acquistato e distrutto tutte le sue pellicole. Per fortuna, in tempi recenti due terzi dei film sono stati restaurati.

LOVE EVERLASTING OR A DIVA IS BORN

Mariann Lewinsky

Almost all cultural products (of every type, from opera to cooking) can be placed on a scale of values. Halfway on the scale are the medium works, above the diamond-studded tiara of masterpieces, below the pit of rubbish.

For a few works, however, a classification is impossible. They are exceptions, unique, unclassable. They are often lacking in the perfection of masterpieces, but they develop the strength of overwhelming events. Overwhelming in its impact is Lyda Borelli's first film in 1913, *Ma l'amor mio non muore! (Love Everlasting)*.

Lyda Borelli was the greatest Italian theatre actress of her times. Eleonora Duse had left the stage in 1909, aged fifty. In 1913 Borelli, after ten years of successful career, was at the peak of her art and beauty when during the summer break between theatre seasons, she played the role of Elsa Holbein alias Diana Cadouleur, the heroine of *Love Everlasting*.

Cinema being silent put the actress at a disadvantage: she could not use her voice. She used the drawback to raise herself to the highest levels of expressivity and gestural art. We see a miracle being produced in front of our eyes: Borelli, showing total control of her talent, modulating and modifying moment by moment her posture, her gestures and facial expression to convey Elsa Holbein's emotions and destiny.

Love Everlasting is considered to be a *diva-film*. We can also look at it as a documentary on how the actress Borelli, on her first attempt, knew how to use the cinema and the camera to explore her own expressive art to the limit, in an experimental way. A documentary that comes to us from a past where the words art and actress rang with major significance.

Maybe it is the imperfections that make the feeling of risk, freshness and experiment even more intense, maybe Lyda Borelli's presence seems even more overwhelming due to the fact that she is surrounded by men with visibly fake beards, rigid in their wrinkled uniforms, and because in the first act the wind of 1913 blows through the scenes of Gloria Films, ruffling the veils of the actress's dress.

The film was an enormous success. Today, it is still unique and unclassable.

LYDA BORELLI FROM STAGE TO SCREEN

Ivo Blom

Lyda Borelli (1887-1959) was already an acclaimed stage actress before she became the Italian diva par excellence and a bridge between Fin-de-siècle and Modernism. Borelli was in fact a great interpreter of Liberty culture with plays like the fashionable *Salome* (1909) by Oscar Wilde, with her eccentric and acclaimed performance, and her dresses and costumes signed by Poiret, Fortuny and others. In the early 1910s she was at the apex of her theatrical career. Performing in Italy's most famous theatres, she appeared in plays by Victorien Sardou, Henry Bataille, Georges Ohnet, the very repertory that would soon become the backbone of diva cinema. The image of Borelli found expression both in the arts and in popular culture, becoming a subject of paintings, pastels, drawings, sculptures, artistic photographs, but also posters, cards, cartoons, even influencing fashion and hair styles. Acclaimed portrait painters Cesare Tallone and Giuseppe Amisani would paint her with her stage costumes from *Salome* and *Zazà*, while studio photographer Emilio Sommariva and dilettante photographer Mario Nunes Vais would immortalize her both in her stage costumes and in fashionable attire.

In 1913, two years after Tallone's portrait and Sommariva's photographic series, Borelli made her cinematic debut. She was launched as film diva with *Ma l'amor mio non muore!* (*Love Everlasting*, 1913), produced by the Turin-based company Gloria Film and directed by Mario Caserini. The film was specifically written for her. While the plot deals with espionage and love, the second part of the film is set in a world very close to Borelli – the stage. Her two successful performances, *Zazà* and *Salome*, reappear here. In a scene set on stage, Borelli acts as though she is dying, but this, in effect, is a doubling since her character has actually poisoned herself. Her princely lover is her political rival so she cannot have him. The prince runs on stage when he notices that this is no mere performance. She dies in his arms like Violetta dying in the arms of Alfredo in *La Traviata*. The actress is here wearing the dressing gown from *Zazà*, as seen in Amisani's painting and Sommariva's photos. She also wears the gown in her earlier farewell scene in her dressing room, foreshadowing what will follow on stage. This doubling is even multiplied by the three-panelled life-size mirror in front of which Borelli emotes, not only saying goodbye to her lover but also to herself and to her beauty.

Earlier scenes show Borelli's character acting and singing on stage as *Salome* clearly recognizable for 1913 audiences by the extravagant costume. The camera stands in the wings of the stage, filming both the actress performing and the audience applauding and throwing her flowers. Either the scriptwriters or Borelli herself must have insisted on the references to *Salome* and *Zazà*, bridging the gap between stage and screen, by using the iconographic tradition shared between these two media. And as we know, citation promotes recognition, not only of the performance but also of the image of the diva herself.

Compared to American silent cinema, Italian silent cinema of the 1910s was based less on editing and more on mise-en-scène and deep staging. This is very notable in *Ma l'amor mio non muore!* On the other hand one could state that editing is performed all the time, not with cuts but with mirrors. Just as Yevgeni Bauer, August Blom and Léonce Perret were using the mirror as a means to edit inside of the image, making the unseen visible, Caserini uses the mirror in a functional and expressive way. It goes without saying that the dressing room of a famous theatre artist contains a mirror. But here Lyda's beauty is not only reflected in triplicate, accentuating her star-like imagery, but also works as a spy, spying for Lyda and spying for the spectator. When one of her suitors tries to overpower her, Lyda keeps cool, and simply rings her maid to escort the intruder to the door. She looks at herself in the mirror, but of course she also sees the reflection of her enemy, leaving the room, making a sign with his hand meaning, "I'll be back. You're not rid of me yet." She just shrugs.

At the beginning of the film, the use of plan sequence is rather conspicuous. In the house of Lyda's father, action rises in several places in the room, one after the other: in the foreground, in the background, at the sides. Curtains open up new spaces and shift the narrative to spaces adjacent to the central living room. This strongly resembles the use of various locations in a modern theatre set, but is unusual for early silent cinema. On the other hand the film contains expressive close ups, totally un-theatrical, and Borelli appears as one of the first actresses to understand the importance of the effect of the body and the face on the screen. She knew how to show her long delicate fingers, her marble-like shoulders, her long neck twisted towards the spectator in a Mannerist fashion, her Beardsley-like profile, her forehead lifted proudly while her eyes were half closed with melancholy. And, finally, her long blond locks, of which her fans where so fond that they tinted their hair to look like their idol's. Indeed, Borelli was in those days the ideal of the Italian woman, who divulged themselves in imitating her allure. Her artificial language of gestures and poses, like the hand under the chin for the melancholy pose or at the forehead expressing thought or despair, became one of the ingredients of a style in acting named after her, *borellismo*. Borelli alternated grand gesture with subtle little details. Before her outbursts, she swells and swells until she cannot hold her emotions anymore, often paired with the unwinding and tossing back of her long hair. At other moments she shrinks, as if made of elastic. She can also act in a very restrained way, as in *Ma l'amor mio non muore!*, when she is writing a farewell letter, struck with grief, but still holding together.

Like an opera libretto, the narrative in the *diva-film*s is an alibi to go from one emotional scene to another. Emotion written with capitals: Love, Jealousy, Despair, Hate, Repentance, and Grief. In *Ma l'amor mio non muore!* the whole (body-)language of Borelli, her gestures and poses, but also the recurrent themes of Destruction and Sacrifice, of Eros and Thanatos, can be found, although not yet as developed as in later Borelli films such as *La falena*, *Malombra* and *Rapsodia satanica*. During the First World War these themes would get a sinister double meaning. Considering this, the *diva-film* might be a genre less escapist than generally presumed.

With *Ma l'amor mio non muore!* the Italian diva genre was launched. The worldwide success of the film resulted in thirteen more films with Borelli. She often portrayed characters who were doomed and even otherworldly. A compelling film is her *Rapsodia satanica* (1915, Nino Oxilia) about an old woman who makes a Faustian pact with the Devil. Among Borelli's best films are *Fior di male* (1915), and *Malombra* (1917), both directed by Carmine Gallone. In 1918 her stage and film career ended suddenly, when she married the Venetian count and businessman Vittorio Cini who supposedly bought and destroyed all films in which she appeared. Fortunately two-thirds of her films have been restored in recent times.

LA DAMA CON L'ERMELLINO

Michele Canosa

Sangue bleu elegge Francesca Bertini a diva. Ma cos'è una diva? E come si diventa?

Afgrunden (*L'abisso*, 1910, 750 metri) di Urban Gad per la Kosmorama. Questo film danese è un antecedente. Più sfrontata di Mistinguett, vediamo Asta Nielsen che, eseguendo la coreografia di una *Gauchodansen*, si sfrega al suo amante per avvolgerlo in una spira di corda (un *lazo*), quindi lo svolge quasi fosse la bobina di un film, per chiudere con un morso *vamp* sul collo del partner. La diva non nasce dalla spuma del mare, ma viene espettorata dalla metropoli tisica. La scena è primaria, dunque traumatica, e Francesca Bertini la ricorda bene: "Mi fecero vedere *L'abisso* con Asta Nielsen. Quel film mi sconvolse"[1]. Questo è nuovo al visibile dello schermo: *un dramma scabroso – moderno – di lungo metraggio – con protagonista femminile*. Così, la cinematografia italiana si regola: non smette il *peplum* e la calzamaglia ma, adesso, con il circo e il costume antico-romano concorrono l'ambientazione moderna, la sartoria elegante e le *toilettes à la page*.

Questo genere made in Italy in versione alta società passerà alla storia con l'espressione, poi divenuta vieta, di *cinema in frac* – "in decolletés, in fracs", direbbe Emilio Ghione[2], interprete sodale di Bertini, che di balli malfamati se ne intende (dopotutto anche il *valse apache* è tango). – Oggi questo stesso genere è altrimenti denominato *diva-film*. Comunque sia, in quanto genere, richiede delle specializzazioni e una politica produttiva. Infatti, nel 1912, ad opera di due possidenti (l'avv. Gioacchino Mecheri e il marchese Gian Alberto di Roccagiovine), si costituisce a Roma l'impresa Celio Film. Il direttore artistico e principale realizzatore è il conte Baldassarre Negroni; l'operatore Giorgino Ricci; tra gli sceneggiatori Augusto

Genina e Nino Oxilia; tra gli interpreti Emilio Ghione, Alberto Collo, Gemma De Ferrari, Angelo Gallina, André Habay… e Francesca Bertini. Soprattutto Francesca Bertini ("prima attrice"). Dal 1912 al 1914, la Casa romana produce venticinque titoli con Bertini – o meglio: *intorno* alla centralità del suo Nome[3], intorno al suo corpo auratico, e a quella sua luna storta, espressione meno profonda della scollatura che le fende la schiena. *Sangue bleu* è di fatto l'ultimo film dell'attrice per la Celio (poi solo un altro: *Nella fornace*, 1915); Negroni se n'era appena andato; l'inscenatura è di Nino Oxilia, che qui profila le sue modanature di luce e imprime il suo squisito spirito geometrico.

Elena (Francesca Bertini), principessa di Montvallon, ha una piccola figlia e un marito; il marito ha un'amante, la contessa Simone de la Croix. Elena scopre la tresca nel corso di un ricevimento (elegantissimo) presso la sua dimora gentilizia (neoclassica, superba, con smisurati pavimenti a scacchiera). Finita la festa, vediamo un primo défilé: la principessa – sola, sguardo perso nel vuoto – avanza lungo la profondità di campo, dal fondo di un esteso corridoio zebrato di luce. Questo spazio è un dispositivo: nel percorso, Elena appare/scompare, emerge/dilegua, incede sonnambolica fino in primo piano sorretta da una pura alternanza di ombra e luce (proveniente dalle finestre laterali): una tale creatura esiste provvisoriamente solo grazie a questa sfilata intermittente (cioè fotogrammatica: *flickering*), qui offerta a figurazione di un'anima afflitta, cioè sospesa alla sua penosa opzione: o donna o madre.

Cambio di scena, cambio di abito. La principessa e il marito sono dal procuratore per dirimere la questione coniugale; di fronte al legale, Elena se ne sta seduta in abito *fashionable* con un manicotto di pelliccia in grembo: questa dama-con-l'ermellino, infine, si risolve ad accordare il divorzio (ecco perché siamo in Francia!) a condizione che la figlioletta resti a lei affidata. Cambio di scena, cambio di abito. A questo punto si intuisce che si tratta di un principio di montaggio e presiede all'intero film (se ne contano almeno quindici). Da gentildonna impeccabile, Elena partecipa a una festa di beneficenza a casa del marchese di Bengirage. Qui, come per scherzo, improvvisa una scenetta filodrammatica con l'attore Jacques Wilson; ha talento, la principessa, non c'è dubbio; tutti si complimentano.

Arriva un telegramma: la vecchia madre di Wilson che abita in campagna è in punto di morte; Wilson non sa come raggiungerla; la principessa è anche generosa (per lignaggio) e si offre di accompagnarlo in auto. Qui sorge un equivoco, che in realtà è solo l'esito di un perfido piano della contessa de la Croix: due spioni fotografano Elena e Wilson in presunto atteggiamento compromettente. Per la principessa, comincia la china. Il principe-consorte, sulla base della foto proditoria, chiede e ottiene la restituzione della piccola Diana. In un immenso salone (totale), cosparso di sontuosi tappeti e studiatissima luce, ha luogo la scena madre dei messi del tribunale che portano via la bambina; in primo piano, Bertini in posa straziata (iconografia del dolore per lutto): il capo nascosto tra le braccia e le braccia lungo la spalliera di una sedia, per non cadere esanime. Scena, questa, propriamente melodrammatica, poi puntualmente teatralizzata – reduplicata *en abyme* – nel finale di una *Madama Butterfly*, a cui Elena si presta in una rappresentazione teatrale, applauditissima.

Pure, le doti di interprete della principessa saranno la cagione della sua caduta. Chi ne approfitta è l'attore Wilson, che si rivela un farabutto: Elena cede alle sue insistenze, si lascia derubare dei gioielli, e così cala in disgrazia. A Montecarlo, Wilson perde tutto alla roulette. E, giacché ci siamo, il film esibisce grandiose inquadrature della sala da gioco, con riprese dall'alto e panfocus, degne di quelle scene dello stesso *casino* che renderanno celebre *Feu Mathias Pascal* (1925) di Marcel L'Herbier. Intanto Elena ha appreso che la piccola Diana si trova a Cannes. La vediamo che, a piedi, mena disperatamente verso il remoto domicilio della figlioletta: cammina, Elena, sulla strada polverosa per forza d'inerzia, preceduta da una crudele camera-car che presto l'abbandona senza remissione; poi, imperterrita, seguendo la proda, Elena taglia l'inquadratura, di profilo, contro il mare, contro la luce, sempre costretta in un soprabito lungo completato da un cappellino piumato che rendono la composizione magnificamente incongrua e più angosciosa… Wilson, intercettando l'intenzione della principessa di vedere la figlia, la ricatta, e la costringe a danzare in un locale pubblico. Uomini-sandwich annunciano l'evento: il 'tango della morte' danzato dalla principessa di Montvallon. È uno scandalo e un'autentica abiezione; per Elena è toccare il fondo.

In Italia, proprio nel 1914, il tango è stato appena introdotto ed è subito fatto oggetto di una proterva crociata da parte della stampa cattolica. (Altro motivo, questo, per svolgere il film in Francia.) Il tango è considerato un ballo sudicio, peccaminoso, immorale; persino Marinetti, con involontaria precisione, lo deplora: "Mimica del coito per cinematografo"[4]. Nel film, la scena sul praticabile (d'ambientazione argentina?) coincide frontalmente con lo schermo, così che il pubblico cinematografico viene a coincidere con il pubblico del teatro (tra gli spettatori, il principe) accorso per assistere al numero d'attrazione: Francesca Bertini fuma spavalda, sceglie lei il partner (un *gaucho*), quindi esegue per intero i passi della danza spudorata; alla fine, secondo copione (tango della morte), irrompe Wilson armato di coltello: Elena esce dalla finzione e rivolge l'arma contro il proprio petto. – Ecco cos'è una signora: sangue bleu. Ecco cos'è una diva: italiana.

Clausola. Il principe accoglie in casa la donna ferita; al capezzale, la bambina getta le braccia al collo della madre (si è riavuta: la coltellata non era mortale); il marito, contrito, stringe a sé la consorte (in camiciuola); la mamma e la bambina lo abbracciano forte, fin quasi a soffocarlo, a cancellarlo. Francesca Bertini, compiaciuta, guarda in macchina. Fine.

Note

1. *Bertini su Bertini*, in Gianfranco Mingozzi (a cura di), *Francesca Bertini*, Cineteca di Bologna - Le Mani, Bologna - Genova, 2003, p. 50.
2. Emilio Ghione, *Memorie e Confessioni (15 anni d'Arte Muta)*, apparso su "Cinemalia", 1928, ora in Emilio Ghione, *Scritti sul cinematografo*, a cura di Denis Lotti, AIRSC, Roma 2011, p. 41.
3. Per l'anagrafe Francesca Bertini è Elena Seracini Vitiello.
4. Filippo T. Marinetti, *Abbasso il tango e Parsifal! Lettera circolare ad alcune amiche cosmopolite che dànno dei Thè-tango e si parsifalizzano*, "Lacerba", 15.01.1914, p. 27.

NINO OXILIA

Giovanni Lasi

Poeta, giornalista, drammaturgo, Angelo Nino Oxilia (1889 – 1917) si dedica alla cinematografia già all'inizio degli anni Dieci, collaborando alla messa in scena di alcuni film, prima all'Ambrosio, a fianco di Luigi Maggi, e poi alla Pasquali con Ubaldo Maria Del Colle. Nel 1913 viene assunto alla Savoia: dopo un apprendistato a fianco di Roberto Danesi, Oxilia dirige *In hoc signo vinces*, dramma storico in costume, e *Il cadavere vivente*, tratto dal dramma di Tolstoj e girato in collaborazione con Oreste Mentasti. Entrambi i film vedono come protagonista l'attrice Maria Jacobini, con cui Oxilia allaccia una relazione sentimentale che si rivelerà appassionata e duratura.

Sempre nel 1913 Oxilia mette in scena, ancora per la Savoia, *Il velo di Iside*, *Giovanna d'Arco*, coadiuvato da Ubaldo Maria del Colle, e *Il focolare domestico*.

Nei primi mesi del 1914 Oxilia viene assunto alla Cines, dove gira *La monella* e *L'ammiraglia* e, successivamente, *Retaggio d'odio* e *Veli di giovinezza*, con Pina Menichelli. Quindi si trasferisce alla Celio per dirigere Francesca Bertini in *Sangue bleu*, il film che consacrerà Oxilia come uno dei più acclamati direttori artistici dell'epoca.

Nel 1915 realizza *Nella fornace*, ancora con la Bertini; quindi ritorna alla Cines dove gira, in collaborazione con Carmine Gallone, *Fior di male*, interpretato da Lyda Borelli, a cui seguono *Il sottomarino n. 27* e *Papà*: protagonisti, in entrambi i casi, Pina Menichelli e Ruggero Ruggeri. Della fine del 1915 è *Ananke*, film della Celio, in cui Oxilia torna a dirigere Maria Jacobini. Nel 1916 esce nelle sale un solo film a firma Oxilia: *Odio che ride* della Cines. Reclutato come ufficiale di artiglieria e assegnato al reparto cinematografico dell'esercito, realizza nel 1917 il documentario *Dalla ritirata di Albania alle trincee di Macedonia*. Nello stesso anno Oxilia torna al centro della scena nazionale, con il lancio di *Rapsodia satanica*, il capolavoro da lui diretto alla Cines già nei primi mesi del 1915. Sempre del 1917 è *L'uomo in frack*, ultimo film girato da Nino Oxilia, che, il 17 novembre, muore sul monte Tomba, straziato da una granata austriaca.

LADY WITH AN ERMINE

Michele Canosa

Sangue bleu is the film that made Francesca Bertini a diva. But what exactly is a diva? How does an individual become one?

The Danish film *Afgrunden* (*The Abyss*, 1910, 750 metres), made by Urban Gad for Kosmorama, was a precursor of *Sangue bleu*. Cheekier than Mistinguett, Asta Nielsen performs a *Gaucho-dansen* number rubbing against her lover as she wraps him up in rope (a lasso), as if in a reel of film, and biting her partner's neck like a vamp. A diva does not arise from the sea foam, but is shot out of the bustling metropolis. The scene was primal, traumatic, and Francesca Bertini remembered it perfectly: "They had me watch *The Abyss* with Asta Nielsen. The film shocked me."[1] The concept was new to the screen: *a thorny drama – modern – feature length – with a female star*. And Italian filmmaking adjusted to the novelty: sword-and-sandal productions continued to be made, but now the costumes and circus of ancient Rome competed with modern settings, fine tailoring, and *toilettes à la page*.

This high-society version of a Made in Italy genre became known by the term, which later became antiquated, *cinema in frac* (tux films) – "in heels and tuxes", to use the words of Emilio Ghione[2], Bertini's screen partner and connoisseur of notorious dances (after all, the *valse apache* is a tango). Today this same genre is called *diva-film*. No matter what name is used, as a genre it required specializations and a production strategy. In 1912, the attorney Gioacchino Mecheri and the Marquis of Roccagiovine Gian Alberto co-founded Celio Film in Rome. The company's artistic director and main producer was Count Baldassare Negroni; the cameraman, Giorgino Ricci; the screenwriters included Augusto Genina and Nino Oxilia; the actors, Emilio Ghione, Alberto Collo, Gemma De Ferrari, Angelo Gallina, André Habay… and Francesca Bertini ("leading actress"). From 1912 to 1914, the Roman studio produced 25 films with Bertini – or more precisely *around* the presence of her Name[3], her mystical body, and her moodiness (which did not run as deep as the plunging cut of the back of her dresses). *Sangue bleu* was the actress's penultimate film for Celio (there was just one other, *Nella fornace*, 1915); Negroni had just left, so the staging was by Nino Oxilia, who framed scenes with mouldings of light and his wonderful *esprit de géometrie*.

Elena (Bertini), the Princess of Montvallon, has a young daughter and a husband; her husband has a mistress, the Countess Simone de la Croix. Elena discovers the affair during a very elegant party at her noble home (neoclassical, sublime, with enormous-checkered flooring). After the party, we see the first of many *défilés*: the princess – alone, gazing into emptiness – moves forward through the depth of field from the back of a vast hallway crossed with light. The space is a device: as she moves, Elena appears/disappears, emerges/vanishes, struts like a sleepwalker to a close-up, held together by a mere alternation of shadow and light (from the side windows). This creature exists temporarily through an intermittent display of *flickering*, here representing a conflicted state of mind with a painful choice: woman, or mother?

Scene change, costume change. The princess and her husband go to an attorney to settle their marital problem; Elena sits before the lawyer fashionably dressed with a fur muff in her lap: our lady-with-an-ermine in the end agrees to a divorce (which is why we're in France!), as long as she has custody of their daughter. Scene change, costume change. At this point it is clearly a narrative device (there are at least 15 of them). The impeccable princess attends a charity party at the house of the Marquis of Bengirage. For fun, she improvises a theatrical skit with actor Jacques Wilson. The princess is unquestionably talented, and everyone applauds. A telegram arrives: Wilson's old mother who lives in the country is on the verge of death. Wilson does not know how to reach her. The princess, who is also generous (by lineage), offers to take him in her car. The situation gives rise to a misunderstanding, which is actually the end-result of a deceitful plan hatched by the Countess de la Croix: two spies snap what seem to be compromising pictures of Elena and Wilson. The princess's downfall begins. The prince-consort uses the damaging picture to obtain custody of little Diana. In a large hall filled with luxurious carpets and carefully designed light, the film reaches its climax with court officials taking the child away; in the foreground, Bertini is in a pose of anguish (the iconography of mourning): her head hidden in her arms and her arms along the back of a chair to support her so she won't collapse. A melodramatic scene that is promptly dramatized - reduplicated *mise en abyme* – in Elena's highly applauded *Madama Butterfly* finale in a stage performance.

Even the princess's acting talent plays a part in her downward spiral. And it is Wilson the actor who takes advantage of her: Elena gives in to his entreaties, is robbed of her jewellery, and falls into disgrace. In Monte Carlo, Wilson loses everything at roulette. While we're on the subject, the film captures the grandeur of the gaming room with high-angle and deep-focus shots worthy of the photography of the same casino that later made Marcel L'Herbier's *Feu Mathias Pascal* (1925) so famous. In the meantime, Elena finds out that little Diana is in Cannes. We watch her as she desperately walks in the direction of her daughter's far-off home: Elena moves by inertia along the dusty street, preceded by a cruel camera-car that quickly abandons her; following the shore, an undaunted Elena traverses the frame with the sea and the sun behind her, and wearing a constricting long coat and feathered hat that make the composition all the more incongruous and heartbreaking… Sensing the princess's desire to see her daughter, Wilson blackmails her and forces her to dance at a public venue. Sandwich-men announce the event: the 'tango of death' danced by the Princess of Montvallon. The ensuing scandal and degradation are both signs that Elena has hit rock-bottom.

In 1914 tango dancing had just been introduced in Italy, and the Catholic press immediately crusaded against it. (Another reason why the film takes place in France.) Tango was considered a dirty, sinful and immoral dance; even Marinetti, with involuntary exactitude, deplored it: "A pantomime of coitus for the camera."[4] In the film, the scene on stage (with an Argentine setting?) is presented frontally on screen, so that the film audience coincides with the *café-chantant* audience (which includes the prince) watching the choreographic number: Bertini smokes haughtily, chooses her partner (a *gaucho*) and performs all the steps of the shameless dance; at the end, according to the script (tango of death), Wilson interrupts the dance armed with a knife: Elena leaves the make-believe scene behind, and stabs herself in the chest. This is what a lady is: *sangue bleu*. This is what a diva is – an Italian one.

Closing. The prince takes the wounded woman to his home; her daughter hugs her as she lies in her sickbed (she survives: the stab wound was not fatal). The repentant husband embraces his consort (wearing a camisole); mother and daughter hug him tightly, almost suffocating him, erasing him from view. Francesca Bertini looks into the camera, satisfied. The End.

Notes

1. Bertini su Bertini, in Gianfranco Mingozzi (ed.), *Francesca Bertini*, Cineteca di Bologna - Le Mani, Bologna - Genoa, 2003, p. 50.

2. Emilio Ghione, *Memorie e Confessioni (15 anni d'Arte Muta)*, was originally serialized in the magazine "Cinemalia" in 1928, now in Emilio Ghione, *Scritti sul cinematografo*, Denis Lotti (ed.), AIRSC, Rome 2011, p. 41.

3. Francesca Bertini was born Elena Seracini Vitiello.

4. Filippo T. Marinetti, *Abbasso il tango e Parsifal! Lettera circolare ad alcune amiche cosmopolite che dànno dei Thè-tango e si parsifalizzano*, "Lacerba", 15.01.1914, p. 27.

NINO OXILIA

Giovanni Lasi

A poet, journalist and playwright, Angelo Nino Oxilia (1889 – 1917) began working in the cinema in the early 1910s, first on the staging of several films under Luigi Maggi at Ambrosio, and later under Ubaldo Maria Del Colle at Pasquali. In 1913 he was hired by Savoia, for which, after assisting Roberto Danesi, Oxilia personally directed *In hoc signo vinces*, a period drama, and co-directed with Oreste Mentasti *Il cadavere vivente*, an adaptation of a theatrical work by Tolstoy. Both pictures starred Maria Jacobini, with whom Oxilia had just begun an intense and enduring romantic relationship.

Oxilia made three other films for Savoia in 1913, *Il velo di Iside*, *Giovanna d'Arco*, with the assistance of Ubaldo Maria del Colle, and *Il focolare domestico*. In early 1914, Oxilia was hired by Cines, where he made *La monella* and *L'ammiraglia*, and later *Retaggio d'odio* and *Veli di giovinezza*, with Pina Menichelli. He then worked for Celio directing Francesca Bertini in *Sangue bleu*, the film that made Oxilia one of the most acclaimed artistic directors of the era. After shooting another film with Bertini in 1915, *Nella furnace*, he returned to Cines and co-directed with Carmine Gallone *Fior di male*, starring Lyda Borelli; this was followed by *Il sottomarino n. 27* and *Papà*, both featuring Pina Menichelli and Ruggero Ruggeri. At the end of 1915 Oxilia directed Maria Jacobini in *Ananke*, produced by Celio. Only one film directed by Oxilia was released in theatres in 1916, *Odio che ride*, made for Cines.

Recruited as an artillery officer, Oxilia was assigned to the Army's film department, for which he made the documentary *Dalla ritirata di Albania alle trincee di Macedonia* in 1917. That same year he was back at the centre of the national film scene with the launch of *Rapsodia satanica*, a masterpiece he had directed at Cines in early 1915, and *L'uomo in frack*, which would prove to be his final film. On 17 November 1917 Oxilia lost his life to an Austrian grenade at Monte Tomba.

ASSUNTA SPINA
E L'ETERNA GIOVINEZZA

Giovanni Lasi

Assunta Spina è un film raro. Raro in quanto tuttora integro[1], condizione certamente non scontata per un film del 1915, e raro perché unico esempio ancora esistente di una esigua serie di lungometraggi girati in Italia alla metà degli anni Dieci, direttamente derivati dal repertorio drammatico verista tardo-ottocentesco, che annoverava alcuni film leggendari, oggi purtroppo scomparsi, come *Sperduti nel buio* o *A San Francisco*. Ma *Assunta Spina* non è solo un film sopravvissuto: *Assunta Spina* è un film che non è mai stato dimenticato, prerogativa questa davvero non comune per la produzione cinematografica dei primi anni. In sparuta compagnia (di *Cabiria, Rapsodia satanica, Sperduti nel buio* e pochi altri film), *Assunta Spina* è sfuggito all'oblio che, dall'avvento del sonoro in poi, ha fagocitato la memoria del cinema muto italiano. Alla base di una così vitale longevità, le molteplici eccellenze e i diversi motivi di interesse che il film presenta, ma soprattutto la sublime alchimia con cui i tanti elementi di pregio arrivano a fondersi in quella perfetta comunione narrativa, espressiva, formale che è tipica dei film senza tempo e per questo destinati a un'eterna 'giovinezza'.

Tratto dall'omonimo dramma di Salvatore Di Giacomo, *Assunta Spina* è ambientato a Napoli e della città partenopea il film rende il respiro vitale, lo spirito profondo. Napoli non è una *location*, Napoli è l'anima del film. La città si specchia sullo schermo, restituendo i vicoli anonimi, gli interni disadorni, i mercati rionali, tutti i siti che più ne definiscono l'identità: si stagliano, riconoscibili nella loro pittoresca bellezza, Posillipo, Marechiaro, il Golfo, ma anche gli angusti quartieri popolari, il tribunale, il carcere, luoghi che rimandano al degrado e al crimine e che sono altrettanto rappresentativi della realtà intrinsecamente contraddittoria di Napoli. Ancor più negli scorci fuggevoli, nei campi lunghi, negli sfondi intravisti alle spalle degli attori, la città e i suoi abitanti si mostrano alla macchina da presa senza veli, drammaticamente, con potenza e franchezza, ad acuire quella sensazione di verità che è una delle cifre essenziali del film.

La vicenda di *Assunta Spina*, già nella sua versione letteraria, svela e rappresenta il cuore pulsante di Napoli, incarnando il dramma di un popolo, atavicamente votato alla passione, al senso dell'onore, alla tragedia; a questo proposito non pare irrilevante sottolineare che i principali artefici della riduzione cinematografica vantano tutti origini partenopee, dal produttore Giuseppe Barattolo al marchese napoletano Gustavo Serena, scritturato per la direzione artistica e la parte di Michele Boccadifuoco, alla divina Francesca Bertini, interprete del personaggio di Assunta.

Elena Vitiello assume il nome d'arte di Francesca (Cecchina) Bertini, quando, giovanissima, fa il suo debutto sulle tavole del palcoscenico: nel 1909 interpreta una delle stiratrici nella prima rappresentazione di *Assunta Spina*, messa in scena al Teatro Nuovo di Napoli dalla compagnia dell'attrice Adelina Magnetti, a cui Di Giacomo si è ispirato per la stesura del dramma. Approdata al cinema nel 1910, alla Film d'Arte Italiana, nel 1914, al momento di avviare le riprese di *Assunta Spina,* la Bertini è ormai una diva di prima grandezza e pretende da Barattolo non solo il ruolo della protagonista, ma anche la direzione del film, inizialmente affidata alla mano esperta di Gustavo Serena. Come da lei raccontato in più occasioni e come confermato dallo stesso Serena, sarà effettivamente la Bertini a dirigere il film, apportando delle innovazioni al testo, indicando i luoghi più idonei per le riprese, azionando la macchina da presa quando il copione non la prevede in scena. Coadiuvata dall'esperto e inseparabile operatore Alberto Carta, la Bertini, pure in questo inedito ruolo, dimostra un talento insospettabile e la drammatica intensità delle immagini del film ne è conferma. L'impegno nella direzione delle riprese non impedisce all'attrice di fornire una prova di straordinaria levatura nell'interpretazione di Assunta: la Bertini infonde al personaggio della giovane popolana in balia del destino una forza espressiva prorompente. Nel corso del film il volto e il corpo dell'attrice si trasmutano, materializzando plasticamente i contrastanti impulsi che agitano Assunta e il progressivo inabissarsi della sua vita.

La 'malasorte' della stiratrice attiene alla tradizione letteraria ottocentesca di matrice verista, ma nella magistrale interpretazione della Bertini arriva ad assumere i contorni epici della tragedia greca, rimandando alla condizione ancestrale dell'animo umano, perennemente condizionato dall'amore, dalla gelosia, dalla vendetta, sentimenti immutabili, incorruttibili dal tempo e dunque eternamente giovani, così come eternamente giovani rimarranno il volto sfregiato di Assunta e questo film.

Note

1. A parte le didascalie ricostruite, la copia del film oggi disponibile non differisce in maniera sostanziale dall'edizione originariamente distribuita in Italia.

L'ANIMA E LA VESTE. APPARIZIONE D'UNA NUOVA STELLA

Gerardo Guccini

Il 1914 vide apparire una protagonista femminile di nuovo tipo: popolare, realistica, riconducibile alle esperienze della vita quotidiana. Il film cui si deve quest'importante arricchimento delle gamme espressive del primo cinema muto, è *Assunta Spina.* Rispetto al mondo dannunziano delle 'divine', tutto, qui, risulta cambiato: gli abiti, gli ambienti, i personaggi, le vicende, le azioni fisiche, i comportamenti. Vi sono però elementi che trattengono nell'orbita dell'imperante divismo anche quest'episodio realista. Innanzitutto il film fu portato al successo dall'energia e dalla convinzione con cui Francesca Bertini ne assimilò e fece propri gli obiettivi espressivi e strategici. "In *Assunta Spina* seppi essere modernissima e introdussi nel cinema il realismo […] volli lasciare da parte le creature fatali, eleganti, ingemmate e scelsi la verità confondendo la mia anima con quella di Assunta". La trasposizione cinematografica del dramma popolare di Salvatore Di Giacomo restò dunque un film imperniato sull'evidenza visuale della protagonista, la quale, con la sua interpretazione, perfezionò la condizione vitale del modello divistico, vale a dire il rapporto di intelligente predeterminazione e personale possesso che legava le attrici alla loro immagine filmica. Per riempire di sé il quadro filmico, Francesca Bertini continuò infatti a utilizzare – com'era proprio del *diva-film* – le possibilità drammatiche e visuali del vestiario. Se la Borelli, in *Fior di male* (1915), tormenta ansiosamente la borsetta o uno dei nastri del vestito, e poi, quando la figlia adottiva parte per sposare l'uomo di cui anche lei è innamorata, nasconde il suo dolore dietro un ampio scialle di tulle, la Bertini, pur nelle vesti della popolana, non è da meno e occupa o spartisce il quadro filmico servendosi d'un bellissimo scialle bianco, che resterà significativamente impresso nella memoria di Giacomo Debenedetti, il quale, ad anni di distanza, ricorderà fra i principali ingredienti del successo di Assunta Spina "il modo di mettersi lo scialle"[1]. Non si tratta d'una valutazione forzata o personale; lo scialle contrappunta infatti il decorso psicologico dell'interpretazione con effetti di grande suggestione. Ricordiamone alcuni.

Il film si apre con un'immagine memorabile. Sullo sfondo del golfo appare, materializzandosi dal nulla, una figura di donna. È accigliata, indispettita, animata da un oscuro sentimento. Scioglie l'ampio scialle bianco che l'avvolge, guarda di fronte a sé, riaggiusta lo scialle intorno alla vita, torna a mettersi di profilo, volge il capo lanciando uno sguardo obliquo. Poi, così come è apparsa, scompare. Quando, dopo questa specie di preludio visivo, la vicenda inizia quasi non riconosciamo l'attrice, che ci si presenta come una donna del popolo, bella sì, ma non contraddistinta da speciali attrattive. Lo scarto fra la presenza scenica del preludio visivo e quella di tipo quotidiano delle prime sequenze narrative è ottenuto dalla Bertini grazie ad alcuni precisi accorgimenti. Assunta Spina, allorché appare sullo sfondo del golfo, respira infatti in modo alterato e affannoso, scioglie e ricompone lo scialle – che porta stretto alla vita – con gesti energici e, portandosi da una posizione di profilo ad una posizione frontale per poi tornare di profilo, compie un movimento circolare e chiuso in sé che contrasta con gli inquieti sguardi d'intesa rivolti allo spettatore.

Lo scialle bianco – al quale il dramma di Salvatore Di Giacomo non fa cenno – viene indossato da Assunta in occasione del suo onomastico, che è anche una specie di festa di fidanzamento con Michele; poi, drappeggiato ed esibito, costituisce un indispensabile strumento di cui la Bertini si serve per acquisire (per l'appunto, divisticamente) una dimensione recitativa distinta da quella degli altri attori e fondata, anziché sull'atto di dire, su quello di apparire. Lo scialle, durante la festa dell'onomastico, fornisce all'attrice l'occasione d'esibirsi in gesti istintivi e naturali; in seguito, nella scena del tribunale, la isola come una candida cappa dalla tribuna retrostante. Ma la scena che meglio illustra la recitazione visiva della Bertini e la sua contrapposizione a quella, più teatrale che cinematografica, degli altri attori, è la visita di Assunta in carcere. Michele appare al di là di una finestrella sbarrata da un'inferriata, parla precipitosamente facendo delle domande alle quali la protagonista risponde con cenni; finito il tempo del colloquio, la donna, sempre avvolta nello scialle, si volta in direzione dello spettatore e, appoggiatasi al muro, esprime mimicamente turbamento e angoscia. Lo scialle fa risaltare le azioni dell'attrice staccandole dalla grigia parete del carcere, e appare quindi necessario alla riuscita di questa scena dove, pure, non è pretesto di movimenti o gesti.

Il successo di *Assunta Spina* non aprì la strada a un seguito di personaggi realistici, e finì, anzi, per incrementare il 'cinema delle divine' arricchendolo di una nuova stella. Nel giro di pochi anni, Francesca Bertini percorse le gamme di una femminilità iperbolica, interpretando ruoli di donna fatale, di madre infelice, di seduttrice, di vittima e anche di diva del cinema, come nell'autobiografico *Mariute* (1918). Il suo successo fu enorme e indicativo delle diverse anime che si intrecciavano nel fenomeno divistico. Intorno alla condivisione collettiva e quasi rituale delle apparenze filmiche dell'attrice, si sollevò infatti un desiderio di emulazione estetica che venne immediatamente raccolto e incrementato dalla moda dell'epoca. Osserva Debenedetti: "Perfino l'arbitra Parigi di quegli anni si era commossa: lanciava cappelli alla Bertini, mantelli alla Bertini, pettinature alla Bertini"[2]. D'altra parte, però, l'evidente pulsare al di sotto dei personaggi e delle loro figurazioni d'una identità personale riconoscibile ed unica, fece sì che migliaia e migliaia di spettatori sparsi in tutte le parti del mondo avvertissero il bisogno di stabilire un contatto diretto con l'attrice, nella quale avvertivano un modello di femminilità al contempo inaccessibile – per bellezza, eleganza, fama – e condiviso, 'di tutti'. Probabilmente, il segreto delle 'divine' consiste nel misterioso compenetrarsi e confondersi all'interno delle loro configurazioni artistiche e umane di questi due elementi lontani: la moda e l'espressione drammatica dell'umano.

Questo contributo riprende parte d'un mio precedente studio: Gerardo Guccini, *Note attorno all'interpretazione di "Assunta Spina"*, in "Cinegrafie", n. 6, 1993.

Note

1. Giacomo Debenedetti, *Al cinema*, Marsilio Editori, Padova 1983, p. 187.
2. Ivi, p. 188.

ASSUNTA SPINA AND ETERNAL YOUTH

Giovanni Lasi

Assunta Spina is a rare film. Rare because it remains complete[1], a remarkable state of preservation for a film from 1915. And also rare because it is the only film that survives from a scant series of feature films that were directly adapted from the repertory of late 19th century theatrical verismo, and produced in Italy during the mid-1910s. The series included a few legendary films, now unfortunately lost, such as *Sperduti nel buio* and *A San Francisco*. But *Assunta Spina* not only survived, it was never forgotten, certainly no small achievement for any production from the first years of cinema.

Assunta Spina is one of a select group of films (*Cabiria*, *Rapsodia satanica*, *Sperduti nel buio*, and a few others) that have escaped the oblivion which, since the advent of sound, has eclipsed the memory of Italian silent film. The film's longevity can be attributed to its many remarkable qualities and compelling themes, but above all it has survived because of the sublime alchemy which fuses all of its parts into that perfect expressive, narrative and formal harmony emblematic of films which stand outside of time and are thus destined for an eternal 'youth.'

Adapted from Salvatore di Giacomo's play of the same name, *Assunta Spina* is set in Naples, and it vividly captures that Parthenopean city's living breath and deepest spirit. Naples is not just a location, it is the soul of the film. The city is mirrored on screen, bringing to life its anonymous alleyways, spare interiors and street markets, all the places that most define its identity. While we recognize such landmarks as Posillipo, Marechiaro, and the Gulf of Naples in their picturesque beauty, scenes of the cramped working class neighborhoods, the courthouse, and the prison remind us of the decay and criminality that also represent the intrinsically contradictory reality of Naples. But especially, it is in the fleeting views, wide shots, and background glimpses of the urban landscape that Naples and its inhabitants are revealed most nakedly to the camera. The dramatic power and candor of these moments heightens the impression of truth that is one of the essential stylistic qualities of the film.

Even as a play, the plot of *Assunta Spina* reveals and represents the beating heart of Naples; it embodies the drama of a people who are atavistically sworn to passion, honor, and tragedy. In this light, it is worth noting that the key figures responsible for the cinematic adaptation are all of Neapolitan origin. Not only producer Giuseppe Barattolo, but also the Marquess Gustavo Serena, who plays Michele Boccadifuoco, and the divine Francesca Bertini in the role of Assunta.

Elena Vitiello took the name of Francesca (Cecchina) Bertini when she made her theatrical debut at a very young age. She played one of the laundresses in the 1909 premiere of *Assunta Spina* at the Teatro Nuovo in Naples. The play was produced by the acting company of Adelina Magnetti, the same actress who inspired Di Giacomo to write the play. Bertini embarked on her film career in 1910 with the Film d'Arte Italiana, and by 1914, when production began on *Assunta Spina*, she had already become a major star and thus expected Barattolo to award her not only the leading role, but also the artistic direction of the film, which was first entrusted to the expert hands of Gustavo Serena.

As Francesca Bertini recounted on more than one occasion (a story confirmed by Serena himself), Bertini essentially directed the film: adapting the text, pointing out suitable filming locations, and even operating the camera when she was not performing in the scene. Aided by her inseparable, expert cameraman Alberto Carta, Bertini displayed an unexpected talent even in this untested role, as is evident in the intensely dramatic quality of the images.

Bertini's responsibilities as a director in no way impeded her acting: as Assunta, Bertini gave a performance of extraordinary caliber. She infuses the role of this young woman overwhelmed by destiny with unbridled expressive power. Over the course of the film, the actress's face and body are transformed, visually embodying the contrasting desires that drive Assunta and lead to the progressive ruination of her life.

The laundress's misfortune aligns with the concerns of 19th century literary verismo, but in Bertini's masterful performance, it also reaches the epic dimensions of Greek tragedy, evoking the age-old condition of the human soul, perennially molded by love, jealousy and vendetta. These immutable emotions are uncorrupted by time and thus forever young, just as Assunta's scarred face and the film *Assunta Spina* will remain forever young.

Note

1. Apart from the restored intertitles, the existing print of the film is not substantially different from the original print distributed in Italy.

SOUL AND FASHION.
A NEW STAR APPEARS

Gerardo Guccini

1914 saw the emergence of a new type of female protagonist: populist, realistic, rooted in the experience of daily life. The film that brought this important enrichment to the expressive range of early silent cinema is *Assunta Spina*. In contrast to the D'Annunzian world of "divine creatures," everything here is altered: the clothing, the settings, the characters, the stories, the physicality, the behaviors. But even this realist development is still anchored in many ways to the prevailing star system of *divismo*.

Assunta Spina owes its success to the energy and conviction with which Francesca Bertini absorbed the story and made its expressive and strategic goals into her own. "In *Assunta Spina* I knew how to be completely modern and I introduced realism into the cinema… I wanted to leave the fatal, elegant, bejeweled creatures behind me, and I opted for truth instead, uniting my soul with that of Assunta." The transposition of Salvatore Di Giacomo's populist drama to the screen resulted in a film that relies on the visual performance of its protagonist. As Assunta, Bertini perfects the vital condition of *divismo*, in which actresses are tied to their cinematic projections by intelligent predetermination and self-possession. In order to fill the screen, Francesca Bertini continually exploited – as was expected in the *diva-films* – the dramatic and visual potential of costume.

In *Fior di male* (1915), the actress Lyda Borelli worriedly fiddles with her purse or at the ribbons of her dress. Then, when her adopted daughter leaves to marry the man she herself loves, she hides her pain behind an ample tulle shawl. In *Assunta Spina*, even clad in humble garments, Francesca Bertini is no less adept as she inhabits or organizes the frame through her handling of her beautiful white shawl. That shawl would make such an impression on Giacomo Debenedetti that, many years later, he recalled it as one of the main ingredients in the film's success: "The way she wore her shawl."[1] His assessment is not exaggerated or subjective: in fact, the shawl works in counterpoint to the psychological arc of the performance; its effects are highly evocative. Let us examine a few of them.

The film opens with a memorable image. Over a panorama of the Gulf of Naples, a female figure appears, as if materializing out of the void. She furrows her brow, she appears vexed, overcome with obscure feeling. She loosens the large white shawl that hugs her body, she looks straight ahead, clinches the shawl again around her waist, turns in profile, and casts a sidelong glance. Then, as suddenly as she had appeared, she vanishes.

When the story begins, after this sort of visual prelude, we almost don't recognize the actress, who is now presented as a woman of the people, still beautiful, but no longer possessed of any special allure.

Bertini achieves this break between her theatrical presence in the prelude and her more ordinary presence in the first narrative scenes by means of very specific devices. When she fades in over the shot of the Gulf, Assunta Spina breathes in a laborious and unnatural manner. She loosens and rearranges her shawl – which she wears tight around her waist – and, with energetic movements, turning from profile to front, then back to profile, she completes a movement that is both circular and self-enclosed, in contrast to the anxious glances of complicity she directs to the viewer.

The white shawl – which is never mentioned in Salvatore Di Giacomo's play – is worn by Assunta Spina on her name day celebration, which is also a kind of celebration of her engagement to Michele. There, draped and displayed, it becomes an indispensable tool which Bertini uses to distinguish her performance from all the other actors (in fact, a movie star performance), rooted not in the act of speaking, but that of appearing.

During the name day celebration, the shawl makes it possible for the actress to display herself in instinctive and natural gestures; later, in the trial scene, this pure white cloak isolates her from the courtroom behind her. But the scene that best illustrates Bertini's visual and cinematic performance style in contrast to the more theatrical style of the other actors, is Assunta Spina's visit to the prison. Michele appears from behind the iron bars of a small window, he speaks hurriedly, asking questions to which the protagonist responds only with gestures. Once their time is up, the woman, still wrapped in her shawl, turns to the viewer and leans against a wall, wordlessly expressing her anguish and distress. The shawl underlines the actress's movements by setting her off from the gray prison wall, and thus it is not merely a prop, used to convey movement or gesture, but itself an indispensable element of the scene.

The success of *Assunta Spina* did not open the way for later realistic performances. Instead, it contributed to the rise of the *diva-films* by adding a new star to the constellation. In just a few years, Francesca Bertini navigated the entire range of hyperbolic femininity, performing roles as femme fatale, unhappy mother, seductress, victim, and even movie star, in the autobiographical film *Mariute* (1918). She experienced tremendous success and her success revealed the very different personae that combined to form the phenomenon of the *diva*. The collective and almost ritualistic experience of Bertini's appearances on film gave rise to a desire to emulate her esthetically, a desire which was immediately appropriated and encouraged by the style makers of the time. Debenedetti comments: "Even the arbiters of Paris fashion were captivated: they launched Bertini hats, Bertini cloaks, Bertini hairstyles."[2]

On the other hand, Bertini's recognizable and unique personal identity was clearly palpable under the surface of her roles. Thus, many thousands of fans worldwide felt compelled to seek a direct connection with the actress, in whom they sensed a model of femininity that was at once inaccessible – because of her beauty, elegance, and fame – while also shared 'by all.' Probably the secret of movie stardom lies in this mysterious merging and commingling of these two disparate elements that lie at the heart of the divas' artistic and human manifestations: fashion and the dramatic expression of human nature.

This essay incorporates a portion of my previous article: Gerardo Guccini, *Note attorno all'interpretazione di "Assunta Spina",* in "Cinegrafie", n. 6, 1993.

Notes

1. Giacomo Debenedetti, *Al cinema* (Padua: Marsilio Editori, 1983) 187.
2. Debenedetti 188.

IL FREMITO DEL COLORE

Eric de Kuyper

Alcuni film si concedono tutto a un tratto; altri, come Salomè, si svelano lentamente secondo le scoperte e il lavoro di restauro degli archivi. Il restauro di *Rapsodia satanica* è un caso estremo: la ricostruzione è avvenuta lentamente e per gradi sotto i nostri occhi. Come se una rosa appassita si rigenerasse e, un petalo dopo l'altro, riacquistasse la propria freschezza nel pieno del suo fulgore. Una lenta decomposizione al contrario, una paziente ri-composizione. Come se questo capolavoro non avesse voluto concedersi ai nostri occhi tutto a un tratto. Sarebbe stato forse troppo abbagliante?

Prima c'era solo una brutta copia in bianco e nero. Eppure era già chiaro che avevamo a che fare con un film meraviglioso. Poi venne la scoperta della musica di Mascagni composta appositamente per il film di Oxilia. Nuovo stupore. Ecco infine che si aggiunge la scoperta di una bella copia a colori.

Due parole sulla partitura di Mascagni. L'apporto della musica superava l'ambito del film in sé. Era la conferma e la dimostrazione convincente che i *diva-film* in generale (come i *film d'arte*) avevano assolutamente bisogno di questo genere di apporto lirico. La gestualità lenta e calcata, la ricercata coreografia, la teatralità grazie alla musica acquistano significato. Allora questi film potevano ancora definirsi "teatro filmato", oggi si tratta piuttosto di vederli come "opere liriche cinematografiche".

Poi ecco che si aggiunge il colore. Se per alcuni film è vero che il colore non aggiunge granché, di altri esso rivela una dimensione essenziale. In un film come *Maudite soit la guerre* di Alfred Machin il colore articola più nettamente le linee drammatiche. In altri casi, come nell'*Atlantide* di Feyder, viene valorizzato piuttosto un clima onirico. Oppure se ne ritrova di nuovo accentuato il carattere di stilizzazione, ma in una direzione inaspettata, come nel *Gabinetto del Dottor Caligari*. Nella serie *Léonce* di Léonce Perret, invece, è per mezzo del pochoir che viene pienamente affermato un tono di commedia malinconica...

Questi confronti permettono di far emergere più chiaramente le differenze tra l'utilizzo del pochoir/colorazione manuale da un lato, e quello dell'imbibizione/viraggio dall'altro. L'uso di un procedimento sembra escludere l'altro. Gli effetti ottenuti per mezzo dei due processi non possiedono lo stesso valore estetico. Il pochoir o la colorazione manuale, applicati a tocchi, giocano sul 'pittorico', sul dettaglio; l'imbibizione e il viraggio sono più suggestivi, cercano piuttosto un clima che spazia dal vago e diffuso (seppia, ocra) allo specifico (blu notte, rosso fuoco). Accade comunque che scene a pochoir/colorate a mano si alternino a scene imbibite/virate. In *Rapsodia satanica* – caso unico nella storia del cinema? – l'uso della colorazione manuale non è alternativo a quello del viraggio e dell'imbibizione, ma *contemporaneo*. Su immagini monocrome abbiamo così sparsi dettagli colorati. Qui il colore realizza pienamente l'esplicita ambizione dell'opera a un'arte totale, così come risulta formulata nella prefazione del programma dell'epoca:

> Con animo sicuro di contribuire validamente alla elevazione intellettuale dell'opera cinematografica, ormai vicina a raggiungere la sua trasformazione in senso puramente artistico, presentiamo al pubblico questa *Rapsodia satanica*, saggio di un'arte cinema-lirica nuovissima concepita e condotta con intendimenti di seria ricerca. [...] Una cosa di grande importanza rileverà questa Rapsodia: la possibilità di adunare in un'opera cinematografica le sensazioni di tutte le arti; la possibilità di fare d'una sala di proiezione un magico crogiuolo di tutte le sensazioni artistiche in un insieme nuovissimo, mai tentato ed oggi ottenuto per la prima volta.

Nel cinema muto il colore, ricordiamolo, è sempre un colore aggiunto, a seconda dei casi per mezzo del pochoir/manuale o dell'imbibizione/viraggio, sul supporto in bianco e nero. In quanto coloritura, esso è quindi fondamentalmente pittorico. Tale aspetto pittorico varia da un film all'altro. Nel caso di *Rapsodia satanica* esso acquista caratteristiche del tutto particolari, che mi sembra necessario differenziare. Nonostante l'uso della mescolanza dei due processi sia presente quasi ovunque, l'effetto ottenuto differisce a seconda delle sequenze.

1) La colorazione manuale permette innanzi tutto di inserire tocchi di colore, più o meno contrastanti, nell'insieme monocromo dell'immagine imbibita. Si tratta di un'accentuazione di carattere drammatico. Così la cappa rosso porpora di Mefistofele distacca il personaggio dal suo ambiente. Quando questo rosso ricomparirà (per esempio verso la fine del film…), esso stabilirà un legame referenziale con il rosso demoniaco dell'inizio. L'utilizzo di un colore dalla connotazione drammatica ben definita non è qui molto frequente. Come se fosse troppo circoscritto, troppo caratteristico (troppo drammatico) per un film che si vorrebbe tutto a mezzetinte. Nella scena descritta il rosso della cappa del diavolo contrasta con il verde applicato ai cuscini della poltrona. Contrasto puramente decorativo? Se non fosse che il verde riappare in modo insistente sullo scialle di Alba d'Oltrevita, nella seconda parte del film… Constatiamo dunque che qui il colore a mano − come tocco diverso da quello dell'imbibizione monocroma − viene utilizzato più o meno in contrasto con quest'ultimo.

2) La maggior parte delle volte, tuttavia, la colorazione manuale non mette in evidenza un particolare, ma *ravviva* alcuni aspetti dell'immagine con effetti di tono su tono, di chiaroscuro o di sfumatura. Così, al massimo, l'abito di Alba è di un rosa leggermente più carico di quello dell'imbibizione, di un seppia tendente al rosa. […] La monocromia, leggermente ravvivata, s'irradia in tinte diverse; la sua 'monotonia', grazie all'uso sottile del colore a mano, diviene più vivace, acquista discretamente rilievo. Due opposti effetti coloristici interagiscono ma, essendo poco differenziati, di tipo tono su tono, non potranno che essere di natura puramente decorativa. Si tratta di dimenticare la distinzione fondamentale fra imbibizione e colore a mano. Da un lato abbiamo il carattere per definizione *statico* dell'imbibizione/viraggio, dall'altro quello per definizione sempre assai *mobile* e *sfuggente* dell'applicazione manuale del colore. Esso è quel tocco di colore che tenta, bene o male, di riempire una determinata parte dell'immagine.

Esagero un poco nel descrivere l'effetto poiché, essendo nel nostro caso i colori poco contrastanti, le rispettive caratteristiche di staticità e di movimento dei due processi di colorazione agiscono in modo minimo, quasi impercettibile. Ma sono presenti e producono uno strano sussulto, un fremito. Un'inquietudine dell'immagine, un suo fruscio che sostiene, prepara e prolunga un uso più intenso del colore − in questo caso a contrasto: gli accenti di cui parlavo prima, che punteggiano determinate scene. Nello stesso tempo – e qui di nuovo interviene l'imbibizione/viraggio – in quasi tutto il film abbiamo come una nebbia leggermente dorata o bruno-dorata, 'basso continuo' di questo fremito cromatico.

3) Un aspetto del film acquista, grazie al colore, una dimensione rilevante: si tratta dei costumi. L'utilizzo del drappeggio, dei veli, dei plissé Fortuny era già visibile in bianco e nero. Tuttavia, con l'aggiunta del colore, esso acquista tutt'altra importanza. Lyda Borelli non si avvolge semplicemente le spalle in una stoffa, non la drappeggia soltanto abilmente sul corpo; questa stoffa ora è verde e soprattutto rivela una natura serica. Da essa – e dal corpo che avvolge – emana una dimensione sensuale. Un costume non è più soltanto tessuto tagliato secondo un modello, più o meno ricercato; esso diviene una nuova struttura sensuale che avvolge il corpo. Così la gestualità non è più soltanto sottolineata o sostenuta dal costume; per mezzo del colore la struttura del tessuto diviene visibile e i costumi 'modellano', per così dire, il corpo. A volte letteralmente, a volte, al contrario, in modo nebuloso, laddove fluttuano attorno alla figura, come un'aura. Sembra che il gioco delle stoffe acquisti via via più importanza a partire dalla metà del film, laddove il dramma si annoda al corpo di Alba. Questa sensualità ottenuta per mezzo delle stoffe colorate raggiunge il culmine in due scene: quella finale, in cui Alba avvolta di veli diviene quasi uno spettro, e quella in cui, in piano ravvicinato, medita davanti a una finestra (illuminata di giallo) indossando un corpetto che le modella il busto (rosa su blu). Il sapiente drappeggio o, più esattamente, le torsioni disegnate dalla stoffa agiscono in contrasto al minuto plissé Fortuny. Quest'immagine in bianco e nero già possedeva una grande tensione sensuale; in questa versione a colori di *Rapsodia satanica* essa agisce in un contesto.

Il colore, nel caso di *Rapsodia satanica*, non cambia l'opera, non le conferisce un'altra dimensione, minima (come nel caso dell'*Atlantide*) o massima (*Maudite soit la Guerre*); il colore la realizza. Prima essa era, per così dire, virtuale. Il colore, come la partitura di Mascagni, ne costituisce un elemento intrinseco. Finalmente ritrovato...

Una versione più ampia di questo testo è apparsa su "Cinegrafie" n. 9, 1996. Traduzione dal francese di Cristiana Querzè.

LA MUSICA DI MASCAGNI PER RAPSODIA SATANICA

Timothy Brock

Negli ultimi trent'anni mi ero imbattuto in versioni ridotte di *Rapsodia satanica*, ma non sapevo che il suo autore, Pietro Mascagni, avesse elaborato un metodo che la maggior parte dei compositori di musica per film avrebbe adottato solo una decina d'anni dopo, peraltro senza raggiungere la perfezione della prima e unica esperienza di Mascagni con il cinema. All'epoca la prassi era quella seguita da Camille Saint-Saëns con la sua partitura del 1908 per *L'Assassinat du duc de Guise*: il compositore doveva limitarsi a dipingere un quadro generale per ciascuna scena, con il solo obbligo di sincronizzare l'inizio e (si sperava) la fine. Se c'era qualcos'altro, tanto di guadagnato. Mascagni invece prese il lavoro molto più seriamente di quanto gli fosse richiesto, e compose uno degli accompagnamenti più raffinati e complessi della storia del cinema muto e sonoro, spingendosi ben oltre la percezione visiva per delineare i tratti più reconditi dei personaggi. La sua partitura è il grande dono che un compositore può fare al cinema. Ed è soprattutto un dono al cinema delle origini, nel quale l'arte della descrizione del personaggio era ancora agli inizi.

Ho compreso la complessità di questa partitura solo quando ho lavorato con la riduzione pianistica – scritta dallo stesso Mascagni nel 1915 – per accompagnare l'ultimo restauro del film eseguito dalla Cineteca di Bologna. Con questi elementi a disposizione, più una serie di parti scritte nel 1915 e usate dagli orchestrali sotto la direzione di Mascagni nel 1917 e una partitura ricostruita dal Maestro Marcello Panni nel 2006, ho fatto del mio meglio per ricreare le intenzioni di Mascagni.

Dalla riscoperta del film, quasi vent'anni fa, la partitura è stata eseguita varie volte sotto forma di accompagnamento dal vivo, e l'equivoco più diffuso è che sia troppo lunga. Questo giudizio ha purtroppo incoraggiato estesi tagli alla composizione per far sì che la musica si 'adattasse' alla lunghezza del film. Ma per quale motivo Mascagni, che secondo tutte le fonti storiche aveva prestato tanta cura alla sincronizzazione, avrebbe dovuto scrivere una partitura molto più lunga del film? Il motivo del malinteso è semplicissimo: le indicazioni di tempo di Mascagni sono vaghe. Né la partitura completa, né la riduzione pianistica, contengono istruzioni scritte per la sincronizzazione visiva, e non c'è alcuna traccia di indicazioni metronomiche. Il direttore d'orchestra si trova dunque costretto a studiare molto attentamente la partitura per capire la velocità e la durata dei segmenti. I soli indizi lasciati dal compositore si trovano nei pentagrammi e nelle parti orchestrali originali.

In questo rompicapo di tempi, dinamiche ed espressioni l'interprete può fortunatamente avvalersi di alcuni punti fermi. Le apparizioni ricorrenti di Mefisto, le dichiarazioni di Sergio e i due assoli di pianoforte di Lyda Borelli sono alcuni dei provvidenziali indizi che permettono a un interprete di decifrare la struttura della composizione. Tra questi punti si snodano alcuni dei momenti più importanti e squisiti della storia della musica per film.

Non c'è un solo momento (o movimento) figurativo o simbolico che sfugga a Mascagni, e la penetrante complessità della sua partitura è sbalorditiva. Le tematiche dell'inversione e dello sdoppiamento (i due fratelli), gli intervalli rispecchiati (la scena finale di Borelli con gli specchi) e i motivi ricorrenti puramente musicali (come la simbiosi delle due farfalle e il 'volo' di Borelli sulla terrazza) pesano sulle scelte di Mascagni, che non trascura neppure la lettura delle didascalie. Nella Parte Prima c'è una didascalia che raccoglie quattro righe di dialogo tra Tristano e Sergio. Mascagni compone una frase musicale per ciascuna di esse: quando lo spettatore assiste al litigio tra i due fratelli, ogni frase musicale richiama la didascalia riportando alla mente il dialogo parola per parola, come se lo stessero pronunciando gli attori. Non ho mai visto un musicista trattare con tanta finezza le didascalie, che spesso rappresentano la parte più banale di un film muto. Non c'è espressione, gesto o svolazzare di veli che non trovi posto nella partitura. Basta solo cercare.

Ciascuno di questi fraseggi è sovraccarico di indicazioni. Solo nel prologo di sei minuti ci sono 47 variazioni di tempo, che salgono a circa 400 per l'intera partitura. L'esito e l'effetto di queste sofisticate manipolazioni è la sensazione di trovarsi di fronte a una composizione estremamente libera, mentre al contrario si tratta di una partitura rigida e precisissima. Ma è dalle parti orchestrali del 1915 che ho tratto il maggior numero di informazioni sulle indicazioni metronomiche. I cambiamenti apportati da Mascagni durante l'esecuzione (e scritti a mano sulle parti) – punti, segni di ripetizione eliminati, alterazioni degli schemi ritmici da tre a una battuta, legature e segni d'articolazione, tanto per nominarne alcuni – contribuiscono a determinare velocità ed effetto di ciascun passaggio. Alla fine l'insieme di tutti questi minuscoli indicatori dà un'idea generale del modo in cui la partitura era diretta dallo stesso Mascagni, dimostrando quanto possa essere fuorviante una partitura completa non segnata (o perduta).

È solo quando una composizione di questo calibro è ancorata correttamente al film che la chiarezza del simbolismo musicale rivela la cognizione del compositore e soprattutto il suo intento artistico.

Sono estremamente grato alla Fondazione Mascagni, all'editore di Mascagni, Curci, alla Cineteca di Bologna e al Maestro Marcello Panni, la cui inestimabile ricostruzione è stata per me d'enorme aiuto.

Il Comitato Promotore Maestro Pietro Mascagni ha come obiettivo la diffusione e la promozione della figura e della produzione artistica di Mascagni in Italia e all'estero. Un ringraziamento speciale a Francesca e Guia Mascagni.

Un ringraziamento speciale a Edizioni Curci

Pietro Mascagni alla moglie Lina

18 maggio 1914

"Ho un tavolinetto con sopra una lampada coperta da un paralume verde che mi permette di prendere tutti gli appunti durante la proiezione e di segnarmi la durata di ogni singola scena".

E quattro giorni dopo:

"Si tratta di farmi ripetere la proiezione centinaia di volte, perché io possa segnare volta per volta dove sono i cambiamenti, dove c'è la tale scena, la tale altra, dove entra Tizio, dove esce Caio ecc… Un lavoro terribile di minuziosa precisione, perché debbo segnare fino al millesimo di minuto secondo; altrimenti non posso dare il giusto sentimento alla musica. Intanto io compongo: trovo i temi e li sviluppo; ma poi li debbo tagliare, aggiustare, ripetere, allungare ecc. fino a tanto che non abbia ottenuto la perfezione nel far collimare la musica con la proiezione".

Estratto dalle lettere che Mascagni scrive alla moglie durante la creazione della musica per il film Rapsodia satanica *(Pietro Mascagni,* Epistolario, *vol. II, LIM Editore)*

THE THRILL OF COLOUR

by Eric de Kuyper

Some films give themselves up all at once; others, like *Salome*, slowly reveal themselves through discoveries and archive restoration work. The restoration of *Rapsodia satanica* is an extreme example: the reconstruction happened slowly and gradually before our eyes. Like a withered rose coming back to life, one petal after another, regaining its bloom in all its splendour. A slow reverse decomposition, a patient re-composition. It is as if this masterpiece did not want to show all of itself at once to our eyes. Would it have been too dazzling for us?

To start with there was only a poor black and white copy. Yet it was already clear that we were dealing with a wonderful film. Then came the discovery of Mascagni's music, written specially for Oxilia's film. Another great surprise. Then, finally, came the discovery of a beautiful colour print.

A few words about Mascagni's score. The music's contribution went beyond the scope of the film itself. It confirmed and convincingly demonstrated that diva-films in general (like art films) absolutely needed this kind of lyrical support. The slow and exaggerated gestures, the elegant choreography and the theatricality acquire meaning through the music. Back then, these films could still be defined as "filmed theatre"; today they are seen rather as "cinematographic operas".

And then there is the addition of colour. If for some films it is true that colour does not add very much, for others it reveals their deep essence. In a film such as *Maudite soit la guerre* by Alfred Machin, colour more clearly expresses the dramatic lines. In other cases, such as in Feyder's *L'Atlantide*, a rather dreamlike atmosphere is brought out. It can also emphasize stylization but in an unexpected direction, such as in *The Cabinet of Dr. Ca-*

ligari. In the *Léonce* series by Léonce Perret, on the other hand, a tone of bittersweet and melancholic comedy is fully established using the *pochoir* technique.

These comparisons bring out the differences between *pochoir*/hand painting, on the one hand, and tinting/toning, on the other. The use of one technique seems to exclude the other. The effects achieved by the two processes do not have the same aesthetic value. Pochoir, or hand painting, applied in strokes, plays on the pictorial aspect, on the detail; tinting and toning are more suggestive, searching for an atmosphere that ranges from the hazy and diffuse (sepia, ochre) to the specific (midnight blue, flame red). It is common for scenes coloured using *pochoir*/by hand to alternate with scenes coloured using tinting/toning techniques. In *Rapsodia satanica* – the only case in film history? – the use of hand painting is not an alternative to tinting and toning, but rather used *at the same time*. There are interspersed coloured details on monochrome images. Here the colour fully realizes the oeuvre's explicit ambition to be a total work of art, as stated in the preface of the programme at the time:

> With the courage to make a valid contribution to the intellectual elevation of cinema, close to achieving its transformation in a purely artistic sense, we present *Rapsodia satanica* to the public, an example of a newly conceived cinematic-operatic art carried out with intentions of serious investigation. [...] This Rhapsody will reveal something of great importance: the possibility of bringing together the sensations of all the arts into a cinematographic work; the possibility of making a cinema a magical melting pot of all the artistic sensations in a brand new combination, never attempted before and today achieved for the first time.

Let us not forget that in silent film colour was always added, applied later and, depending on the circumstances, using *pochoir*/by hand or tinting/toning techniques on a black and white medium. Being a colourization, it is basically pictorial. Naturally, this pictorial aspect varies from film to film. In the case of *Rapsodia satanica*, it acquires very special characteristics, which I believe should be looked at separately. Despite there being a mixture of the two processes almost throughout, the effect obtained differs depending on the sequences.

1) Hand painting, first of all, allows touches of colour to be added, with varying levels of contrast, to the whole tinted monochrome image. This emphasis is of a dramatic nature. In this way, the crimson-red hood of Mefistofele detaches the character from his surroundings. When this red appears again (for example, towards the end of the film), it establishes a link with the demonic red at the start. The use of a colour with a well-defined dramatic connotation is not very frequent here; as if it were too limited, too characteristic (too dramatic) for a film that would all be in half-tone. In the scene described, the red of the devil's hood contrasts with the green applied to the armchair cushions. Is it a purely decorative contrast? If it were not for the fact that green reappears so insistently on Alba d'Oltrevita's shawl in the second part of the film… We can therefore observe that the hand painting – with a different feel from the monochrome tinting – is used to different extents in contrast to the latter.

2) Most times, however, hand painting does not highlight a detail, but rather *animates* certain aspects of the image with tone-on-tone, light and shade, or gradation effects. In this way, at the most, Alba's dress is a slightly stronger pink than the tinted version; a sepia tending towards pink. […] The slightly brightened monochrome radiates different hues; its 'monotony' becomes livelier with the subtle colouring by hand and seems to stand out slightly. Two opposing colour effects interact but, since they have little differentiation, being tone-on-tone, they cannot be purely decorative in nature. We forget the fundamental distinction between tinting and hand painting. On the one hand, we have the *static* character of tinting/toning, and, on the other, the *mobile* and *elusive* quality of the hand painting technique. This is the touch of colour that tries, successfully or not, to fill a certain part of the image.

I exaggerate a little in describing the effect since, being in our case colours with little contrast, the respective characteristics of immobility and movement of the two colouring processes act in a minimal, almost imperceptible way. But they are there and produce a strange jolt, a quiver. A restlessness in the image, a rustle that supports, prepares for and prolongs a more intense use of colour – in this case contrasting: the accents I mentioned earlier, which punctuate certain scenes. At the same time – and here tinting/toning intervenes yet again – in almost the entire film there is like a slightly golden or golden brown fog, the 'basso continuo' of this chromatic quiver.

3) Colour makes one aspect of the film more significant: the costumes. The use of drapery, veils and Fortuny pleats was already visible in black and white. However, with the addition of colour, their meaning is deepened. Lyda Borelli does not simply wrap her shoulders in fabric, nor does she just drape it skilfully across her body; the material is now green and shows off its silky texture. This – and the body it wraps – exudes sensuality. A costume is no longer just fabric cut according to a fairly sophisticated pattern; it becomes a new sensual structure enveloping the body. In this way, gestures are no longer simply highlighted or aided by the costume; through colour, the structure of the fabric becomes visible and the costumes 'shape', so to speak, the body. Sometimes literally, other times the contrary, in a hazy way, where they billow around the figure like a breeze. It seems as though the play on fabrics slowly takes on greater importance from midway through the film, where the drama becomes linked to Alba's body. The sensuality achieved through coloured fabrics reaches its peak in two scenes: the final scene in which Alba, wrapped in veils, becomes almost a ghost, and in the scene where, in close-up, she meditates in front of window (lit in yellow) wearing a bodice that shapes the bust (pink on blue). The skilful draping or, more precisely, the twists drawn by the fabric act in contrast to the minute Fortuny pleats. In black and white this image already had significant sensual tension; in this colour version of *Rapsodia satanica*, it acts in a context.

In the case of *Rapsodia satanica*, colour does not change the work. Likewise, it does not provide it with another dimension, whether minimal (such as in the case of *L'Atlantide*) or maximum (*Maudite soit la guerre*). Colour makes it. Before it was virtual, so to speak. Colour, like Mascagni's score, is an intrinsic element of the film. Finally rediscovered…

A longer version of this essay appeared in "Cinegrafie", n. 9, 1996

PIETRO MASCAGNI'S SCORE FOR RAPSODIA SATANICA

Timothy Brock

Despite having heard somewhat truncated versions of *Rapsodia satanica* over the last 30 years, I hadn't a clue that its composer, Pietro Mascagni, invented an approach that most film composers only began to discover more than 10 years later. Even then they were not executed to such perfection as was Mascagni's first and only attempt at cinema. The general assumption about this score had been, like Camille Saint-Saëns and his 1908 score to *L'Assassinat du duc de Guise*, that the composer is sufficiently required to paint a general tableau to each scene, and its obligations to synchronization are to start, and (hopefully) end, together. Whatever happens in the middle is gravy. Mascagni, instead, took the task far more seriously than was expected of him, and carefully wrote one of the most intricate and delicate accompaniments in the history of cinema, both sound and silent. His score goes well beyond the visual perception, but contains character studies that seem to clearly define the mostly hidden conditions of their personality. This is the gift an opera composer brings to cinema. And even more importantly, a gift to early cinema where the art of in-depth character portrayal has yet to hit its stride.

The level of intricacy this score contained had only became apparent to me while working with the original 1915 piano reduction, made by Mascagni himself, playing against the latest restoration of the film made by Cineteca di Bologna. With these elements, in hand with a set of original 1915 parts used by orchestra members (under the baton of Mascagni in 1917), and a reconstituted score made by Maestro Marcello Panni in 2006, I strove to re-create (to the best of my ability) what Mascagni's intentions were.

There have been a number of performances of this score with live accompaniment since the re-discovery of the film almost 20 years ago. The most common misconception about the score is that there is simply too much music. This view set an unfortunate precedent of making large cuts in the score in order to make the music 'fit' the length of the film. However why would Mascagni, who, by all historical accounts, injected so much precision in his synchronization while composing *Rapsodia satanica*, have written so much more music than film? The reason for this misguided conclusion is quite simple; Mascagni's tempo markings are vague. Nowhere in the full score, nor in the piano reduction, did he give any written visual synchronization indications. Nor did Mascagni give a single metronome mark. This makes for intensive score analysis on the part of the conductor to find out where each few seconds of music should start and end, how fast or slow it should go, and for how long. The only clues the composer leaves in this regard are in the actual staves of the score itself, and in the set of original parts.

Within this jigsaw of tempi, dynamics and expression, thankfully there are a few obvious points to help guide the interpreter. The recurring appearances of Mephisto, the affirmations of Sergio and the 2 piano solos by Lyda Borelli are a handful of the (heaven-sent) musical markers to which a conductor can begin to decipher the layout of the score, but in between these moments live the some of the most important and exquisite moments in film-music history.

There is not a visual or symbolic moment (or movement) that passes unnoticed by Mascagni, and the depth of reflection within his score, is startling. The use of inverted and doubled thematic material (the 2 brothers), mirrored intervals (Borelli's final scene with mirrors) and pure musical leitmotif (symbiosis of the 2 butterflies and Borelli's flight on the terrace) plays heavily in Mascagni's designation of material. Even the reading of inter-titles was not left untouched. In Part One, there is an inter-title that reads four exchanged lines between Tristan and Sergio. Mascagni has a musical phrase for each of the four lines, so that when the viewer sees the interaction between the arguing brothers, each musical phrase recalls what the inter-title said, and is therefore compelled to remember the lines word for word as if the actors voices themselves are heard. I have never before seen inter-titles, often the most mundane features of silent film, treated with such delicate care by a musician. Every expression, dismantled shoulder and fluttering veil has its place in the score. The question is just a matter of finding it.

And for each of these passages comes a massive assemblage of indications for tempi. In the 6-minute prologue itself there are 47 tempo changes, and nearly 400 overall. The outcome and effect of these careful manipulations is a score that has the overwhelming sense of freedom and liberty from tempo, the exact *opposite* of what this score is, utterly strict and precise. But it is from the set of the 1915 parts that gave me the most information in regards to metronomic indications. The changes Mascagni made in performance (and written in the player's hand on the parts themselves), such as removed repeat signs, full stops, alterations of beat-patterns from three to one and even string bowings, just to name a few, all help determine the speed and effect of each passage. In the end, amassing of these seemingly endless and miniscule indicants gives you an overall picture of how the score was conducted by Mascagni himself, and shows you how an unmarked (or in this case, lost) full score can mislead the conductor without it.

Only when a score of this caliber is anchored to its film correctly, does the clarity of musical symbolism truly exhibit composer's cognition, and more importantly, his intentions as an artist.

I am deeply indebted to the Mascagni Foundation, Mascagni's publisher, Curci, the Cineteca di Bologna and to Maestro Marcello Panni whose invaluable score reconstitution helped me enormously.

The Comitato Promotore Maestro Pietro Mascagni promotes Pietro Mascagni's figure and artistic production in Italy and worldwide. Special thanks to Francesca and Guia Mascagni.

EDIZIONI CURCI

Special thanks to Edizioni Curci

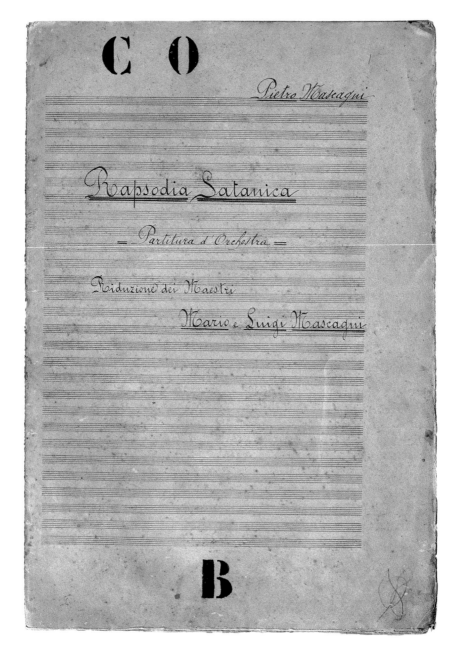

Pietro Mascagni to his wife, Lina

May 18, 1914

"I have a little table with a lamp on it with a green shade so that I can take notes during the screening and mark the length of every single scene".

And four days later:

"It is question of screening the film hundreds of times so I can mark where the changes are, where this scene is and that one, where Tom enters, where Dick exits, etc… It is an immense task of meticulous precision because I have to make note down to the thousandth of a second; otherwise, I would not be able to give the music the right sentiment. I compose in the meantime: I find themes and develop them; but then I have to cut, adjust, repeat and lengthen them until I have made the music match the screening perfectly".

Excerpt from the letters written by Mascagni to his wife while creating the music for the film Rapsodia satanica *(Pietro Mascagni,* Epistolario, *vol. II, LIM Editore)*

MA L'AMOR MIO NON MUORE!
(Italia, 1913)

Regia / Directed by: Mario Caserini. *Soggetto / Scenario*: Emiliano Bonetti. *Fotografia / Cinematography*: Angelo Scalenghe. *Interpreti / Starring*: Lyda Borelli (Elsa Holbein), Mario Bonnard (principe Maximilian di Wallenstein), Camillo de Riso (Schaudard), Maria Caserini (Gran duchessa di Wallenstein), Gian Paolo Rosmino (Moise Stahr). *Produzione / Produced by*: Film Artistica Gloria.
Durata/ Running time: 80'.
Restauro / Restoration: Museo Nazionale del Cinema, Torino e/and Fondazione Cineteca di Bologna, in collaborazione con/in collaboration with Fondazione Cineteca Italiana e/and CSC-Cineteca Nazionale. Il restauro è stato realizzato presso il laboratorio L'Immagine Ritrovata, a partire dal negativo camera nitrato (Fondazione Cineteca Italiana), da un frammento di una copia positiva nitrato (CSC-Cineteca Nazionale) e da una copia di riferimento 16mm (Cinémathèque française) / *The restoration has been carried out at L'Immagine Ritrovata Laboratory, from the nitrate camera negative (Fondazione Cineteca Italiana), a nitrate positive fragment (CSC-Cineteca Nazionale) and an indicative 16mm copy (Cinémathèque française).*

LE MUSICHE / MUSIC
Traccia uno / Track 1. Partitura originale composta da Francesca Badalini, maggio 2013 / Original score composed by Francesca Badalini, May 2013. *Musicisti / Musicians*: Francesca Badalini (piano), Aurora Bisanti (violino), Giulia Monti (violoncello).
Traccia due / Track 2. *Thaïs* (Jules Massenet), *direttore / conductor* Jésus Etcheverry (reg. 1961), *La Traviata* (Giuseppe Verdi), *direttore / conductor* Ettore Panizza (reg. 1941), *Don Carlos* (Giuseppe Verdi), *direttore / conductor* Fausto Cleva (reg. 1959), *Carmen* (Georges Bizet), *direttore / conductor* Gustav Cloéz (reg. 1927-30), *Faust* (Charles Gounod), *direttore / conductor* Fausto Cleva (reg. 1950), *Oceana, Preziosa e Il vassillo di Szigeth* (Antonio Smareglia), *direttore / conductor* Silvano Frontalini, Edizioni Novità del Passato, Bongiovanni. *Voci / Voices*: Adelina Agostinelli (*Addio del passato*, reg. 1913), Enrico Caruso e Giuseppe De Luca (*Né gustare m'è dato*, reg. 1918), Carlo Tagliabue (*Nemico della patria*, reg. 1949), Edmond Clément (*Plaisir d'amour*, reg. 1913).

SANGUE BLEU
(Italia, 1914)

Regia / Directed by: Nino Oxilia. *Soggetto / Scenario:* Alberto Fassini. *Sceneggiatura / Screenplay:* Guglielmo Zorzi. *Fotografia / Cinematography:* Giorgino Ricci. *Interpreti / Starring:* Francesca Bertini (Elena di Montvallon/Mira van Monte Cabello), Angelo Gallina (Egon di Montvallon/Egon van Monte Cabello), Fulvia Perrini (Simone de la Croix), André Habay (Jacques Wilson), Anna Cipriani (Diana/Liane). *Produzione / Produced by:* Celio Film (Roma). *Visto di censura / Censorship date:* 1/8/1914. *Titolo della copia conservata / Dutch release print title:* De Vorstin van Monte Cabello.
Dati tecnici: 35mm positivo nitrato bianco e nero, con imbibizioni e viraggi / 35mm black and white nitrate positive print with tinting and toning. *Didascalie olandesi / Dutch intertitles. Durata / Running time*: 65'. *Da / From*: The Desmet Collection – EYE Filmmuseum
Restauro / Restoration: EYE Filmmuseum (1991-2000), 35mm a partire da un internegativo.
Digitalizzazione / Digitization: EYE Filmmuseum, Scan 2K (2014)

Nella versione olandese che presentiamo, i personaggi hanno nomi diversi da quelli della versione originale perduta. E mentre risulta che in Italia *Sangue bleu* fosse diviso in cinque atti, la didascalia d'apertura di *De Vorstin van Monte Cabello* lo presenta come 'film drammatico in quattro parti'. La divisione in sei capitoli che appare sul menu di questa edizione Dvd, con i relativi titoli, ha ragioni pratiche e non corrisponde a nessuna versione storica.
In the extant dutch version, the characters appear under slightly different names from those used in the lost original version. And while in Italy Sangue bleu *was apparently a film in five acts, the main title of* De Vorstin van Monte Cabello *presents it as a 'dramatic picture in four parts'. The division in six chapters on this DVD, and their titles, have practical reasons and do not correspond to any historical version.*

EXTRA / EXTRAS
Nino Oxilia (2014) documentario a cura di Giovanni Lasi / realized by Giovanni Lasi. **Kri Kri e il tango** (Italia, 1913) *Titolo della copia conservata / Dutch release title*: Bloemer leert de Tango. *Interpreti / Starring*: Raymond Frau (Kri Kri), Lea Giunchi. *Produzione / Produced by*: Cines. *Didascalie olandesi / Dutch intertitles*. Bianco e nero con imbibizioni / Tinted. L.: 108m. D.: 5'. *Da / From*: The Desmet Collection – EYE Filmmuseum. Pubblicato su licenza di RIPLEY's film Srl. **Foto gallery / Photo gallery:** *Immagini e documenti da / Images and documents from*: The Desmet Collection – EYE Filmmuseum, Museo del Cinema di Torino, Fondazione Cineteca di Bologna – Archivio Fotografico

LE MUSICHE / MUSIC
Tutte le musiche sono di / All compositions by: Daniele Furlati (2014). *Musicisti / Musicians*: Daniele Furlati (pianoforte e Rhodes piano), Dimitri Sillato (violino), Antonio Rimedio (sassofono soprano e fisarmonica)

ASSUNTA SPINA
(Italia, 1915)

Regia / Directed by: Gustavo Serena, Francesca Bertini (non accreditata/uncredited). *Sceneggiatura / Screenplay*: Gustavo Serena, Francesca Bertini, dal dramma omonimo di Salvatore Di Giacomo / from the play by Salvatore Di Giacomo (1909). *Fotografia / Cinematography*: Alberto Carta. *Scenografia / Set design*: Alfredo Manzi. *Interpreti / Starring*: Francesca Bertini (Assunta Spina), Gustavo Serena (Michele Boccadifuoco), Carlo Benetti (don Federigo Funelli), Alberto Albertini (Raffaele), Antonio Cruicchi (padre di Assunta / Assunta's father), Amelia Cipriani (Peppina), Alberto Collo (una guardia / a policeman). *Produzione / Produced by*: Caesar Film. *Dati tecnici / Technical data*: 35 mm, bianco e nero e colore / B&w and colour. *Durata / Running time*: 72'. *Didascalie italiane / Italian intertitles*.
Restauro / Restoration: Cineteca di Bologna e Cineteca Italiana presso il laboratorio L'Immagine Ritrovata, 1993. *Digitalizzazione / Digitization*: Cinémathèque Royale de Belgique, 2014.

LE MUSICHE / MUSIC
Accompagnamento musicale ispirato alla tradizione napoletana / Musical accompaniment inspired by Neapolitan tradition: Guido Sodo. *Arrangiamenti di canzoni popolari napoletane / Arrangements:* François Laurent e Guido Sodo. *Musicians:* François Laurent (chitarra), Guido Sodo (mandolino mandoloncello e voce)

EXTRA / EXTRAS
Un amore selvaggio (*Tempestuous Love*, Italia 1912)
Interpreti / Starring: Raffaele Viviani (Giuseppe), Luisella Viviani (Carmela). *Produzione / Produced by*: Cines. *Dati tecnici / Technical data*: 35mm, bianco e nero e colore / B&w and colour. *Durata / Running time:* 22'. *Didascalie olandesi / Dutch intertitles. Da / from*: EYE Filmmuseum.
Accompagnamento musicale di / Musical accompaniment by Daniele Furlati.
Pubblicato su licenza di RIPLEY's film
Il fascino della violenza (*The Fascination of Violence,* Italia 1912)
Interpreti / Starring: Francesca Bertini (Annarella), Giovanni Corte (Carmine), Cesare Moltini (Salvatore). *Produzione / Produced by*: Cines. *Dati tecnici / Technical data*: 35mm. Bianco e nero e colore / B&w and colour. *Durata / Running time:* 13'. *Didascalie olandesi / Dutch intertitles. Da / from:* EYE Filmmuseum.
Accompagnamento musicale di / Musical accompaniment by Daniele Furlati.
Pubblicato su licenza di RIPLEY's film
Gustavo Serena disse… Una testimonianza di Vittorio Martinelli, estratto dal film-intervista *Volevo vedere* di Giovanni Lasi.
"Filmogallery": *Francesca Bertini negli incipit di alcuni film*

RAPSODIA SATANICA

(Italia, 1915-1917)

Regia / Directed by: Nino Oxilia. *Soggetto / Scenario*: Alfa (Alberto Fassini), Fausto Maria Martini. *Sceneggiatura / Screenplay*: Alfa. *Fotografia / Cinematography*: Giorgio Ricci. *Musiche / Music*: Pietro Mascagni. *Interpreti / Starring*: Lyda Borelli (Alba d'Oltrevita), Andrea Habay (Tristano), Ugo Bazzini (Mephisto), Giovanni Cini (Sergio), Alberto Nepoti. *Produzione / Produced by*: Cines. *Dati tecnici / Technical data*: 35mm, imbibito, virato e colorato a mano / tinted, toned and hand-painted. *Durata / Running time:* 45'. *Didascalie italiane / Italian intertitles Restauro / Restoration*: restauro digitale in 4K promosso da Cineteca di Bologna e Cinémathèque Suisse, a partire da una copia positiva imbibita, virata e colorata a mano proveniente dalla Cinémathèque Suisse / *4K digital restoration promoted by Cineteca di Bologna and Cinémathèque Suisse, from a tinted, toned and hand-painted 35mm positive print belonging to the Cinémathèque Suisse.*

Le musiche originali di Pietro Mascagni sono eseguite dall'Orchestra del Teatro Comunale di Bologna diretta da Timothy Brock / *Pietro Mascagni's original score is performed by Orchestra del Teatro Comunale di Bologna conducted by Timothy Brock*

Pubblicato su licenza di RIPLEY's film

RINGRAZIAMENTI

Angelo Draicchio e Cristina D'Osualdo (Ripley's Film); Elif Rongen-Kaynakçi, Soeluh van den Berg, Leenke Ripmeester, Anna Hoetjes (EYE Filmmuseum); Nicola Mazzanti e Bruno Mestdagh (Cinémathèque Royale de Belgique); Frédéric Maire (Cinémathèque Suisse); Matteo Pavesi e Luisa Comencini (Fondazione Cineteca Italiana); Anna Batistova (Národní filmový archiv); Felice Laudadio (CSC - Cineteca Nazionale); Donata Pesenti Compagnoni, Roberta Basano, Stella Dagna, Claudia Gianetto e Elena Boux (Museo Nazionale del Cinema, Torino); Mariann Lewinsky; Ivo Blom; Catherine Surowiec; Giovanni Lasi; Andrea Meneghelli e Elena Correra (Cineteca di Bologna); Antonio Bigini; Julia Martinez; Andrea Bongiovanni.

Un ringraziamento particolare a Patrizia Deabate per l'immagine del libro *Canti brevi*

Questo volume è stato stampato
nel mese di giugno dell'anno 2018
da Grafiche Zanini
Bologna